Cheikh Mohamed Faye

Baye Niass   Jeunesse et Espoir

Cheikh Mohamed Faye

Baye Niass   Jeunesse et Espoir

Jeune Sénégalais qui se convertit à l'Islam et prend le nom de Baye Niass à l'âge de 20 ans. Il trouve guidance

Éditions Croix du Salut

Publisher:
Éditions Croix du Salut
is a trademark of
Dodo Books Indian Ocean Ltd. and OmniScriptum S.R.L publishing group

120 High Road, East Finchley, London, N2 9ED, United Kingdom
Str. Armeneasca 28/1, office 1, Chisinau MD-2012, Republic of Moldova, Europe
Printed at: see last page
ISBN: 978-620-6-17046-4

Remerciements

Je tiens à exprimer ma profonde gratitude à toutes les personnes qui ont contribué à la réalisation de cet ouvrage.

En premier lieu, je remercie ma Famille, dont le soutien indéfectible et les précieux conseils ont été essentiels tout au long de ce projet.

Je suis également reconnaissant à mon guide et père Thierno Mohamed Diallo dont les conseils ont enrichi ma vie.

Un grand merci à mes amis pour leur encouragement constant et leur compréhension pendant les périodes de travail intense.

Je souhaite exprimer ma sincère gratitude à l'ensemble des membres de la Dahira Nouroul Houda.

Enfin, je remercie chaleureusement mes lecteurs, dont l'intérêt et les retours sont la plus grande récompense de mon travail.

Personnages principaux :

JEAN : Jeune Sénégalais qui se convertit à l'Islam et prend le nom de **Baye Niass** à l'âge de 20 ans. Il trouve guidance et illumination à travers l'enseignement soufi et la tariqa Tijjaniya, devenant un guide religieux respecté.
Cheikh Mohamed Barham : Maître soufi qui guide Baye Niass(Jean) dans sa quête spirituelle.
Fatoumata : Amie d'enfance de Baye Niass(Jean), symbole de la jeunesse sénégalaise en quête de sens.
Oumar : Jeune homme influencé par la débauche de la société moderne, représente les difficultés rencontrées par les jeunes d'aujourd'hui.

SOMMAIRE

Chapitre 1 : La Quête du Sens
Baye Niass, un jeune homme de 20 ans, se trouve à un carrefour dans sa vie. Ce chapitre explore son malaise face à la vie matérielle et son désir de trouver un sens plus profond à son existence.

Chapitre 2 : La Rencontre avec Cheikh Mohamed Barham
Baye Niass rencontre Cheikh Mohamed Barham, un maître soufi de la Tariqa Tijjaniya, qui l'introduit aux principes du soufisme et à la spiritualité islamique. C'est le début de sa transformation intérieure.

Chapitre 3 : L'Apprentissage de la Foi
Sous la guidance du Cheikh, Baye Niass commence à apprendre les bases de l'Islam et de la Tariqa Tijjaniya. Il découvre la prière et l'importance du Zikr (invocation).

Chapitre 4 : Les Epreuves de la Jeunesse
Ce chapitre décrit les difficultés que Baye Niass rencontre dans son environnement, telles que la pression sociale, la tentation de la richesse facile, et la débauche, symbolisée par son ami Oumar.

Chapitre 5 : L'Éveil Spirituel
À travers des séances de méditation et d'études intensives, Baye Niass commence à ressentir un éveil spirituel, réalisant que la paix intérieure est plus précieuse que toute richesse matérielle.

Chapitre 6 : Le Combat Intérieur
Baye Niass lutte contre ses anciens désirs et les tentations du monde. Ce chapitre explore son combat intérieur entre ses anciennes habitudes et sa nouvelle voie spirituelle.

Chapitre 7 : La Lumière de la Tariqa Tijjaniya
Baye Niass approfondit ses connaissances sur la Tariqa Tijjaniya, apprenant comment cette voie soufie peut guider les jeunes à trouver la paix et la stabilité dans un monde en crise.

Chapitre 8 : La Révélation de la Fayda Tijjaniya
Le Cheikh révèle à Baye Niass les mystères de la Fayda Tijjaniya, une illumination spirituelle qui transforme son approche de la vie, le guidant vers une dévotion totale à Allah.

Chapitre 9 : La Dévotion et l'Ascèse
Baye Niass se consacre de plus en plus à la pratique spirituelle, adoptant un mode de vie ascétique pour se rapprocher de Dieu. Ce chapitre montre son engagement à vivre une vie de service et de prière.

Chapitre 10 : L'Influence Positive
Baye Niass commence à influencer ses amis, dont Oumar et Fatoumata, leur montrant le chemin vers une vie meilleure à travers la spiritualité et l'éducation islamique.

Chapitre 11 : La Reconnaissance de la Communauté
La communauté commence à reconnaître les changements en Baye Niass. Il devient un exemple pour les jeunes, inspirant le respect et l'admiration grâce à son dévouement et sa sagesse.

Chapitre 12 : Les Défis du Leadership Spirituel

Baye Niass est confronté aux défis de devenir un leader spirituel, notamment les jalousies, les incompréhensions, et les responsabilités accrues. Ce chapitre explore sa résilience face à ces épreuves.

Chapitre 13 : Les Leçons du Soufisme

Ce chapitre approfondit les enseignements soufis que Baye Niass a adoptés, montrant comment ils peuvent être appliqués par les jeunes pour surmonter les obstacles de la vie moderne.

Chapitre 14 : L'Appel du Prophète (s.a.w.)

Baye Niass reçoit en rêve un message inspirant du Prophète Mohamed (s.a.w.), qui lui donne la force et la direction nécessaires pour continuer son chemin spirituel et guider les autres.

Chapitre 15 : La Reconnaissance au sein de la Tariqa Tijjaniya

Baye Niass est reconnu par les grands leaders de la Tariqa Tijjaniya pour son engagement et son dévouement. Il devient un guide respecté au sein de cette communauté.

Chapitre 16 : La Transmission du Savoir

Baye Niass commence à transmettre ses connaissances aux jeunes, organisant des sessions d'enseignement et de méditation pour les aider à trouver leur propre chemin spirituel.

Chapitre 17 : L'Espoir pour la Jeunesse

Le dernier chapitre est un appel à la jeunesse, inspiré par l'histoire de Baye Niass. Il montre comment les jeunes peuvent trouver espoir et direction en suivant une voie spirituelle, malgré les défis de la vie moderne.

Introduction

Lorsque j'ai entrepris d'écrire "Baye Niass - Jeunesse et Espoir", je me suis plongé dans un désir profond de partager une histoire qui inspire, éclaire, et surtout, donne de l'espoir à une génération en quête de sens. Dans un monde marqué par les tumultes de la modernité, où les jeunes sont souvent écartelés entre les valeurs traditionnelles et les influences de la société contemporaine, j'ai ressenti l'urgence de raconter le parcours d'un jeune homme qui a trouvé sa voie en s'immergeant dans la spiritualité. Ce livre n'est pas seulement le récit d'une quête individuelle, mais une exploration de la jeunesse africaine contemporaine, cherchant à combler le vide laissé par la superficialité matérielle et à reconnecter avec des valeurs intemporelles.

Baye Niass représente l'archétype de ce jeune Africain moderne, à la croisée des chemins entre la tradition et la modernité. Son histoire est celle d'un jeune Sénégalais qui, malgré les pressions de la société et les tentations de la vie facile, choisit de suivre un chemin spirituel profondément ancré dans la tradition soufie et la tariqa Tijjaniya. Ce livre raconte comment Baye, par un processus de découverte intérieure et d'engagement profond, se transforme d'un jeune homme confus et sans direction en un guide spirituel respecté, dont la sagesse et la foi deviennent une lumière pour ceux qui l'entourent.

Le livre commence par nous plonger dans la vie de Baye Niass à un moment de désillusion et de recherche. Comme beaucoup de jeunes de son âge, il se trouve confronté aux défis de la modernité : la tentation de l'argent facile, la pression d'une société matérialiste, et le vide existentiel qui en découle. Sa rencontre fortuite avec Cheikh Mohamed Barham, un maître soufi de la Tariqa Tijjaniya, marque un tournant décisif dans sa vie. C'est à travers cet homme de foi que Baye découvre une voie spirituelle qui lui offre non seulement un sens à sa vie, mais aussi une paix intérieure qu'il n'aurait jamais imaginée.

À travers ses enseignements et son dévouement, Cheikh Mohamed Barham introduit Baye aux principes du soufisme, une forme de mysticisme islamique qui prône l'amour, la dévotion, et l'union avec le divin. Le parcours de Baye à travers les enseignements de la Tariqa Tijjaniya est une métaphore de la quête spirituelle de nombreux jeunes aujourd'hui. Il apprend à prier, à méditer, et à se concentrer sur le Zikr, une pratique d'invocation constante du nom de Dieu, qui devient pour lui une source de réconfort et de force.

Mais ce voyage spirituel n'est pas sans obstacles. Baye Niass est continuellement mis à l'épreuve par les réalités de son environnement. Ses interactions avec des personnages comme Oumar, son ami d'enfance attiré par la débauche et les plaisirs faciles, représentent les tentations constantes auxquelles font face les jeunes d'aujourd'hui. Cependant, à travers la lutte contre ses propres désirs et les épreuves qui jalonnent son chemin, Baye apprend la valeur de la résilience, de la discipline, et du sacrifice. Il découvre que la véritable richesse ne réside pas dans les possessions matérielles, mais dans la paix intérieure et la connaissance de soi.

À mesure que l'histoire avance, nous voyons Baye Niass s'éveiller à une dimension plus profonde de son être. Il commence à comprendre le véritable sens de la Tariqa Tijjaniya, qui va au-delà des rituels et des pratiques pour embrasser une philosophie de vie basée sur l'amour de Dieu et le service de l'humanité. C'est une voie de lumière, de compassion, et de dévotion totale, qui non seulement transforme Baye, mais aussi commence à influencer ceux qui l'entourent.

La beauté de l'histoire de Baye Niass réside dans son universalité. Bien que profondément ancrée dans le contexte culturel et religieux du Sénégal, son message transcende les frontières et les croyances. Il nous rappelle que, indépendamment de notre origine ou de notre foi, nous sommes tous en quête de quelque chose de plus grand que nous-mêmes. Baye Niass incarne cette quête universelle de vérité, de paix, et de connexion avec le divin.
Alors que Baye continue de grandir dans sa foi, il commence à assumer un rôle de leader spirituel. Ce rôle est rempli de défis, car il doit naviguer entre les attentes de sa communauté, les jalousies de ceux qui ne comprennent pas son parcours, et ses propres luttes internes. Cependant, il reste ferme, inspiré par les enseignements de son maître et les visions qu'il reçoit du Prophète (s.a.w.). Il devient non seulement un modèle pour les jeunes, mais aussi un guide pour quiconque cherche à mener une vie plus significative et spirituelle.
L'un des aspects les plus puissants de ce livre est la transformation de Baye d'un jeune homme ordinaire en un guide spirituel qui inspire sa communauté et au-delà. Son histoire est un rappel puissant de l'importance de la foi, de la

persévérance, et de l'engagement envers des valeurs supérieures, surtout dans un monde qui semble de plus en plus en perte de repères.

Dans "Baye Niass - Jeunesse et Espoir", je souhaite offrir plus qu'un simple récit ; je veux proposer une vision. Une vision de ce que la jeunesse peut accomplir lorsqu'elle est guidée par des valeurs spirituelles solides et un désir sincère de trouver un sens à sa vie. Je veux que ce livre soit un phare, une source d'inspiration pour ceux qui se sentent perdus ou déconnectés, un rappel que même dans les moments les plus sombres, il y a toujours une lumière à suivre.

Ce livre est un appel à tous les jeunes à explorer leur propre spiritualité, à chercher des réponses au-delà des biens matériels, et à trouver leur propre voie vers la paix intérieure et la réalisation de soi. Il est aussi un hommage à la riche tradition soufie et à la Tariqa Tijjaniya, qui continue de fournir un chemin de lumière à ceux qui cherchent à se rapprocher de Dieu.
En lisant "Baye Niass - Jeunesse et Espoir", j'espère que vous trouverez non seulement une histoire captivante, mais aussi une invitation à réfléchir sur votre propre vie, à explorer les profondeurs de votre propre âme, et à embrasser le voyage spirituel qui vous attend. C'est une histoire de transformation, de foi, et d'espoir. Un rappel que, peu importe les défis de la vie moderne, il y a toujours un chemin vers la lumière.

Chapitre 1 : La Quête du Sens

Le soleil se couchait doucement dans la ville de Diourbel, projetant des ombres longues et dorées sur les maisons de terre battue. Les enfants jouaient encore dans les rues poussiéreuses, leurs rires résonnant dans l'air du crépuscule. Jean, les mains enfoncées dans les poches de son boubou, marchait lentement le long du chemin de terre. Ses pas le menaient, comme souvent, vers le fleuve où il trouvait refuge pour réfléchir. Aujourd'hui, son esprit était troublé, comme un ciel d'orage en attente de pluie.

Depuis quelque temps, Jean se sentait perdu, comme une feuille emportée par le vent, sans racine, sans direction. À vingt ans, il avait tout pour être heureux, du moins selon les normes de son époque. Ses parents divorcés, il a dû apprendre à jongler entre deux foyers, deux environnements différents, ce qui a façonné sa manière de voir le monde. Il était animé par des rêves de réussite par une ambition intense de transformer sa vie. Pourtant, Jean ressentait un vide profond en lui, une sorte de malaise intérieur qui ne le quittait jamais. La vie matérielle, avec toutes ses promesses de bonheur et de satisfaction, ne lui apportait aucune paix.

Il s'asseyait souvent au bord du fleuve, regardant l'eau coulait lentement, réfléchissant à son existence. Pourquoi était-il ici ? Quel était le but de sa vie ? Il se souvenait des paroles de sa mère, une femme qui passait tout son temps à travailler pour s'occuper de sa famille. "Mon fils, la vie n'est qu'une épreuve, un passage vers l'éternité", lui disait-elle souvent. Mais que signifiait vraiment cette épreuve ? Pourquoi se sentait-il si éloigné de cette vérité ?
Jean prit une pierre et la lança dans le fleuve, observant les ondulations qui se formaient à la surface de l'eau. Ces ondulations lui rappelaient les pensées qui envahissaient son esprit, des cercles sans fin de questionnements et d'incertitudes. Il avait essayé de trouver des réponses dans la richesse, dans les plaisirs mondains, mais cela ne lui avait apporté que plus de confusion.
Un jour, alors qu'il était plongé dans ses pensées, il entendit une voix familière derrière lui. C'était Fatoumata, son amie d'enfance. Elle était vêtue d'un simple pagne et d'un foulard qui couvrait sa tête, ses yeux brillaient de la douceur et de

l'inquiétude. "Jean, tu sembles préoccupé ces jours-ci", dit-elle en s'asseyant à côté de lui. "Qu'est-ce qui te tracasse ?"

Jean hésita un moment avant de répondre. "Je ne sais pas, Fatoumata. Je me sens... perdu. Comme si quelque chose manquait dans ma vie, mais je ne sais pas quoi."

Fatoumata le regarda attentivement, ses yeux remplis de compassion. "Peut-être cherches-tu quelque chose que l'argent et les plaisirs ne peuvent te donner", dit-elle doucement. "Peut-être cherches-tu un sens plus profond à ta vie."

Ces mots résonnèrent en jean comme un écho lointain. Un sens plus profond... C'était exactement ce qu'il cherchait, mais où pouvait-il le trouver ? Ses parents lui avaient appris les rudiments du christianisme, mais il n'avait jamais vraiment plongé dans les profondeurs de sa foi. Il se souvenait des prières récitées matinalement, des enseignements sur la bible et les sacrements de l'église, mais tout cela lui semblait si lointain, si abstrait.

"Le Coran nous dit, 'Ô vous qui avez cru ! Répondez à Allah et au Messager lorsqu'il vous appelle à ce qui vous donne la vie' (8:24)", murmura Fatoumata. "Peut-être devrais-tu écouter cet appel, Jean."

Les paroles de Fatoumata touchèrent quelque chose de profond en lui. Il savait qu'elle avait raison. Il avait besoin de plus que des plaisirs éphémères, plus que des richesses matérielles. Il avait besoin de se reconnecter avec son essence, de trouver un sens à son existence.

Ce soir-là, Jean se coucha avec un cœur lourd mais déterminé. Il se mit à réfléchir, demandant à Dieu de le guider, de lui montrer la voie. Et pour la première fois depuis longtemps, il ressentit une lueur d'espoir.

Le lendemain matin, il décida de parler à un vieux, un homme sage et respecté dans la ville, connu pour sa piété et sa connaissance des enseignements islamiques. "Père Mamadou", commença-t-il, "je me sens perdu. J'ai tout ce qu'un jeune homme pourrait désirer, mais je me sens vide. Comment puis-je trouver le sens de ma vie ?"

Le vieux Mamadou, un homme au visage marqué par les années mais aux yeux brillants d'une sagesse tranquille, sourit doucement. "Mon fils, le chemin vers la vérité est souvent pavé de doutes et d'incertitudes. Mais sache que, le Coran dit : 'Ceux qui croient et dont les cœurs se tranquillisent à l'évocation d'Allah. N'est-ce point par l'évocation d'Allah que se tranquillisent les cœurs ?' (13:28). La paix intérieure que tu cherches ne peut être trouvée dans le monde matériel. Elle est en toi, dans ton cœur, dans ta relation avec le Créateur."

Jean sentit un frisson parcourir son corps. "Mais comment puis-je développer cette relation ? Comment puis-je me sentir proche d'Allah ?" demanda-t-il, avide de réponses.

"Tout commence par l'intention, mon fils", répondit vieux Mamadou. "L'intention de chercher la vérité, de comprendre la volonté d'Allah. Ensuite, il faut se plonger dans les enseignements, lire le Coran, comprendre les hadiths du Prophète Muhammad (s.a.w.), et surtout, pratiquer avec sincérité."

Les jours suivants, Jean suivit les conseils du vieux Mamadou. Il se converti à l'islam prend le nom de Baye Niass et commença à apprendre le Coran pour mieux comprendre la religion. Il prit le temps de méditer sur les versets, de comprendre leur signification profonde. Il commença aussi à fréquenter la mosquée, à participer aux prières et aux discussions religieuses.

Il y rencontra Cheikh Mohamed Barham, un maître soufi de la Tariqa Tijjaniya, dont la réputation de sage et de guide spirituel était bien établie. Cheikh Barham était un homme d'une grande humilité, toujours souriant, ses yeux brillants d'une lumière intérieure qui fascinait Baye. "Salam Alaykum, jeune homme", lui dit-il un jour après la prière de l'après-midi. "Je te vois souvent ici, assis en silence, comme en quête de quelque chose."

Baye, surpris par l'intérêt du Cheikh, répondit avec sincérité. "Wa Alaykum Salam, Cheikh. Oui, je cherche quelque chose... ou peut-être que c'est Allah que je cherche. Je viens de me convertir à l'islam et je veux comprendre le sens de ma vie, mais je ne sais pas par où commencer."

Cheikh Barham sourit. "Le chemin vers Allah commence par le désir sincère de Le connaître. Comme il est dit dans le Coran, 'Et quiconque place sa confiance en Allah, Il lui suffit' (65:3). Si tu as confiance en Lui, Il te guidera vers la vérité."

Les semaines se transformèrent en mois, et Baye Niass commença à ressentir un changement profond en lui. Les paroles du Cheikh et les enseignements du Coran devenaient pour lui une source de réconfort et de guidance. Il comprit que la vraie richesse ne résidait pas dans les possessions matérielles, mais dans la connaissance de soi et la proximité avec Allah. Chaque jour, il se sentait de plus en plus détaché des tentations du monde, trouvant satisfaction dans la simplicité de la vie spirituelle.

Un soir, après une longue journée de méditation, Baye se retrouva de nouveau au bord du fleuve. Mais cette fois, il ne ressentit pas le vide ou le désespoir qui l'avaient tant troublé auparavant. Au lieu de cela, il ressentit une paix profonde, une sorte de certitude tranquille qu'il était sur la bonne voie. Il leva les yeux vers le ciel étoilé et sourit, se sentant pour la première fois en harmonie avec l'univers.

Le murmure du vent à travers les arbres semblait chanter une mélodie douce, et Baye se rendit compte que la nature tout entière louait la grandeur d'Allah. "Dans tout ce qui existe, il y a un signe pour ceux qui réfléchissent", pensa-t-il, se souvenant des paroles du Coran. Et à cet instant, il sut qu'il avait trouvé ce qu'il cherchait. La quête de sens qui avait commencé avec tant de doutes et d'incertitudes l'avait conduit à une découverte extraordinaire : la vérité était en lui, tout comme elle était dans tout ce qui l'entourait, une vérité éternelle et universelle.

Cette prise de conscience marqua le début de la véritable transformation de Baye Niass, une transformation qui le conduirait à devenir non seulement un homme de foi, mais un guide pour les autres, un phare de lumière dans un monde souvent plongé dans l'obscurité. Il avait trouvé le sens qu'il cherchait, et ce sens était plus précieux que toutes les richesses du monde.

Chapitre 2 : La Rencontre avec Cheikh Mohamed Barham

Le vent soufflait doucement à travers les rues de Diourbel, emportant avec lui la poussière fine et les murmures de la ville. C'était une journée ordinaire, mais pour Baye Niass, ce jour allait marquer le début d'une transformation profonde. Depuis sa conversation avec le vieux Mamadou, il avait décidé de se convertir à l'islam et de se consacrer davantage à sa foi, à chercher un sens plus profond à sa vie. Ses visites à la mosquée étaient devenues plus fréquentes, et il passait de plus en plus de temps à apprendre le Coran, à méditer sur ses enseignements.

Un vendredi, alors qu'il assistait à la prière de Jummah, Baye remarqua un homme au premier rang, assis avec une tranquillité impressionnante. Cet homme avait une barbe grise soigneusement taillée, un visage rayonnant de sérénité, et une présence qui imposait le respect. Les autres fidèles semblaient naturellement graviter autour de lui, lui offrant des salutations chaleureuses et des mots de respect. Baye reconnu le visage de l'homme qui l'avait parlé dans la mosquée et apprit de son voisin que cet homme était Cheikh Mohamed Barham, un maître soufi de la Tariqa Tijjaniya, connu pour sa sagesse et sa connaissance profonde de l'Islam.

Après la prière, alors que les fidèles se dispersaient, Baye sentit une impulsion irrépressible de s'approcher du Cheikh. Il ne savait pas exactement pourquoi, mais il sentait que cet homme détenait les réponses qu'il cherchait depuis si longtemps. Avec une certaine hésitation, il s'avança vers le Cheikh qui était entouré d'un petit groupe de disciples. Lorsqu'il fut à portée de voix, il toussa légèrement pour attirer l'attention.

"Assalamu Alaikum, Cheikh," commença-t-il timidement.

Le Cheikh leva les yeux, et un sourire chaleureux se dessina sur ses lèvres. "Wa Alaikum Assalam, jeune homme," répondit-il avec une douceur qui mit immédiatement Baye à l'aise. "Comment puis-je t'aider aujourd'hui ?"

Baye prit une profonde inspiration, rassemblant son courage. "Cheikh, je suis à la recherche de vérité et de sens dans ma vie. J'ai entendu parler de votre sagesse et de vos enseignements. Pouvez-vous m'aider à trouver ce que je cherche ?"

Le Cheikh le regarda intensément, comme s'il sondait son âme. Après un moment de silence, il dit : "La quête de vérité est un chemin noble, Baye. Mais sache que ce chemin n'est pas facile. Il est rempli de défis et d'épreuves. Es-tu prêt à t'engager sur cette voie ?"

Baye hocha la tête avec conviction. "Oui, Cheikh, je suis prêt "Cheikh Barham sourit. "Alors, viens me voir demain à ma maison après la prière de l'Asr. Nous discuterons davantage."

Le lendemain, Baye arriva chez le Cheikh avec un mélange d'appréhension et d'excitation. La maison du Cheikh était simple mais accueillante, entourée d'un jardin fleuri. Une fois à l'intérieur, il fut conduit dans une petite pièce où Cheikh Barham l'attendait, assis sur un tapis de prière, une copie du Coran ouverte devant lui.

"Bienvenue, Baye," dit le Cheikh. "Asseyez-vous. Parle-moi de ta quête."

Baye s'assit et commença à raconter son histoire, sa conversion vers l'islam, son malaise face à la vie matérielle, son désir de trouver un sens plus profond, et son intérêt croissant pour l'Islam. Le Cheikh écouta attentivement, sans interrompre, ses yeux ne quittant pas Baye.

"Tu es jeune, Baye, et comme beaucoup de jeunes, tu cherches des réponses aux questions fondamentales de la vie," commença le Cheikh après un long moment de silence. "Le Coran nous dit : 'Ne vois-tu pas qu'Allah introduit la nuit dans le jour et qu'Il introduit le jour dans la nuit, et qu'Il a assujetti le soleil et la lune, chacun poursuivant sa course jusqu'à un terme fixé ? Et qu'Allah est Parfaitement Connaisseur de ce que vous faites ?' (31:29). Tout dans l'univers a un ordre, un but, une raison d'être. De même, notre existence a un but, une raison d'être."

Baye écouta avec fascination. "Mais comment puis-je trouver ce but, Cheikh ? Comment puis-je savoir ce que Dieu attend de moi ?"

"Le chemin vers la compréhension de ce but commence par la connaissance de soi et de son Créateur," répondit le Cheikh. "Le soufisme, la voie mystique de l'Islam, est une voie de purification intérieure, de recherche de la vérité divine à travers l'amour et la dévotion. Nous croyons que pour connaître Allah, il faut d'abord connaître son propre cœur. Comme le dit le Coran, 'Celui qui se purifie réussit, et il se souvient du nom de son Seigneur, puis il prie' (87:14-15). La purification de l'âme est la première étape vers la compréhension divine."

Le Cheikh continua d'expliquer que la Tariqa Tijjaniya, une branche du soufisme, prône une dévotion totale à Allah, un amour inconditionnel pour le Créateur, et une quête incessante de la vérité intérieure. Il parla de l'importance du Zikr, l'invocation constante de Dieu, pour maintenir le cœur pur et centré sur l'amour divin.

"Le Zikr, Baye, est l'acte de se souvenir d'Allah. Le Prophète (s.a.w.) nous a enseigné que le Zikr est comme une lumière qui illumine le cœur, chassant l'obscurité de l'ignorance et du doute. 'Ceux qui ont cru et dont les cœurs se tranquillisent à l'évocation d'Allah. N'est-ce point par l'évocation d'Allah que se tranquillisent les cœurs ?' (13:28). Par le Zikr, tu trouveras la paix que tu cherches."

Les paroles du Cheikh résonnèrent profondément en Baye. Il comprit qu'il avait été à la recherche de réponses dans le monde extérieur, alors que la vérité se trouvait à l'intérieur de lui, dans son propre cœur. Il décida ce jour-là de suivre le chemin du soufisme, de s'engager pleinement dans cette voie de dévotion et de connaissance de soi.

Les semaines qui suivirent furent marquées par un apprentissage intense. Baye se rendait chaque jour chez le Cheikh, où il recevait des enseignements sur les principes du soufisme, les pratiques spirituelles, et les histoires des grands saints soufis. Le Cheikh l'initie à la tariqa Tijjaniya lui donne l'autorisation de faire les oraisons obligatoires de la voie l'enseignant aussi la méditation, et surtout le Zikr, l'invocation continue du nom d'Allah, une pratique qui devint pour Baye une source de réconfort et de force.

Un jour, après une longue séance de méditation, Baye se sentit poussé à poser une question qui le troublait depuis un certain temps. "Cheikh, pourquoi y a-t-il tant de souffrance dans le monde ? Pourquoi Dieu permet-il aux gens de souffrir si profondément ?"

Cheikh Barham sourit, une lueur de sagesse dans ses yeux. "Baye, le Coran nous dit : 'Et certes, Nous vous éprouverons par un peu de peur, de faim et de diminution de biens, de personnes et de fruits. Et annonce la bonne nouvelle aux endurants' (2:155). La souffrance fait partie de l'épreuve de la vie. Elle nous rappelle notre dépendance envers Allah, notre besoin de Sa miséricorde et de Son pardon. La souffrance, si elle est supportée avec patience et foi, purifie l'âme et rapproche l'homme de son Créateur."

Les mots du Cheikh frappèrent Baye comme une révélation. Il comprit que la souffrance n'était pas une punition, mais une épreuve, un moyen de grandir spirituellement, de se rapprocher de Dieu. Il commença à voir ses propres luttes sous un nouveau jour, comme des occasions de renforcer sa foi et de se purifier.

Un autre jour, le Cheikh lui raconta l'histoire vraie d'un homme appelé Hasan al-Basri, un grand mystique de l'histoire islamique, connu pour sa sagesse et sa dévotion. Hasan était un homme de grande richesse et de pouvoir, mais il décida de renoncer à tout pour suivre le chemin de l'ascétisme et de la dévotion. "Il disait que la richesse véritable n'est pas celle des biens matériels, mais celle de l'âme. 'Richesse et pauvreté sont dans le cœur,' disait-il, 'Celui qui est riche dans son cœur est riche même s'il ne possède rien, et celui qui est pauvre dans son cœur est pauvre même s'il possède le monde entier.'"

Ces paroles eurent un impact profond sur Baye. Il commença à se détacher de plus en plus des désirs matériels, à se concentrer davantage sur sa relation avec Allah. Il passait de longues heures en prière, méditant sur les paroles du Coran, cherchant à comprendre leur signification profonde. Il se sentait de plus en plus en paix, comme si une lourde charge avait été levée de ses épaules.

Un soir, après une longue journée d'étude et de prière, Baye se sentit épuisé mais heureux. Il s'assit à côté de Cheikh Barham sous le ciel étoilé, le vent frais caressant doucement leurs visages. "Cheikh, je me sens si différent. Comme si un voile avait été levé de mes yeux. Je commence à comprendre ce que vous m'avez dit sur la paix intérieure et la relation avec Allah."

Cheikh Barham sourit doucement. "C'est parce que tu as commencé à te libérer de l'illusion du monde, Baye. Tu as commencé à voir avec les yeux de ton cœur, à entendre avec les oreilles de ton âme. Comme le dit le Coran, 'Ceux qui se repentent, qui adorent, qui louent (Allah), qui jeûnent, qui s'inclinent, qui se prosternent, qui commandent le convenable, interdisent le blâmable, et observent les ordres d'Allah... Et fais la bonne annonce aux croyants' (9:112). Tu es sur la bonne voie, mon fils. Continue de chercher, continue de te purifier, et Allah te montrera le chemin."

Baye sourit, se sentant plus en paix que jamais. Il savait qu'il avait encore un long chemin à parcourir, mais pour la première fois de sa vie, il se sentait confiant dans la direction qu'il prenait. Il savait que ce chemin ne serait pas facile, qu'il serait rempli de défis et d'épreuves, mais il était prêt. Il était prêt à se donner entièrement à Allah, à suivre le chemin de la vérité, de l'amour, et de la dévotion.

La rencontre avec Cheikh Mohamed Barham marqua le début de la transformation intérieure de Baye Niass. Ce n'était plus un jeune homme perdu à la recherche de réponses, mais un chercheur de vérité, un disciple sur le chemin de la connaissance de soi et de l'amour divin. Et bien que son voyage ne fasse que commencer, il sentait déjà la présence réconfortante de Dieu guidant chacun de ses pas, l'accompagnant dans chaque prière, chaque méditation, chaque Zikr. Le monde, avec toutes ses tentations et ses illusions, avait commencé à s'estomper, laissant place à une réalité plus vaste, plus profonde, une réalité qui résonnait de la vérité éternelle de l'amour divin.

Chapitre 3 : L'Apprentissage de la Foi

Les premières lueurs de l'aube éclairaient à peine le ciel quand Baye Niass se réveilla, le cœur rempli d'une sérénité nouvelle. C'était son premier jour d'apprentissage formel sous la guidance de Cheikh Mohamed Barham, et il sentait un mélange d'excitation et de calme intérieur. Le chant du muezzin appelant à la prière du Fajr résonnait doucement à travers la ville, un appel sacré que Baye percevait désormais comme une invitation personnelle à se rapprocher de son Créateur.

Il s'habilla rapidement, enroulant soigneusement son boubou autour de lui, et se dirigea vers la petite mosquée où il avait convenu de rencontrer le Cheikh. En arrivant, il trouva Cheikh Barham déjà en prière, son corps inclinant avec grâce et dévotion, ses lèvres murmurant doucement des paroles d'invocation. Baye observa silencieusement, impressionné par la tranquillité et la ferveur de son guide.

Lorsque le Cheikh acheva sa prière, il se tourna vers Baye avec un sourire accueillant. "Assalamu Alaikum, Baye," dit-il doucement.

"Wa Alaikum Assalam, Cheikh," répondit Baye, s'inclinant légèrement en signe de respect.

"Es-tu prêt pour commencer ton voyage d'apprentissage ?" demanda le Cheikh, ses yeux brillants de bienveillance.

"Oui, Cheikh," répondit Baye avec détermination. "Je suis prêt à apprendre tout ce que vous pouvez m'enseigner."

Cheikh Barham sourit et hocha la tête. "Très bien. Nous allons commencer par les bases, car une maison solide ne peut être construite sans une fondation stable. Et la fondation de notre foi commence par la prière."

La Découverte de la Prière

Le Cheikh guida Baye à travers les mouvements et les récitations de la prière, expliquant avec soin chaque détail, chaque geste. Il lui montra comment se tenir, comment s'incliner, comment se prosterner, et surtout, comment aligner son cœur et son esprit avec les mots qu'il prononçait. "La prière est le pilier de l'Islam, Baye," expliqua le Cheikh. "Le Prophète Muhammad (s.a.w.) a dit : 'La prière est la clé du Paradis.' Mais elle n'est pas seulement un rituel ; elle est une conversation avec Allah, un moyen de purifier notre âme et de nous rapprocher de Lui."

Baye écoutait attentivement, absorbant chaque mot. Il se rappelait des prières de son enfance, des prières récitées matinalement dans une autre religion sans véritable compréhension. Maintenant, chaque mot, chaque mouvement semblait imprégné de sens. Il commença à percevoir la prière non seulement comme une obligation, mais comme une opportunité de connexion intime avec Allah.

Le Cheikh l'encouragea à se concentrer sur l'intention derrière chaque prière, à se rappeler que lorsqu'il se tient en prière, il se tient littéralement devant son Créateur. "Lorsque tu dis 'Allah Akbar' (Allah est le plus Grand), Baye, rappelle-toi que rien dans ce monde n'est plus grand que Lui, que toutes tes préoccupations, tes peurs, tes désirs, tout cela est insignifiant devant la grandeur d'Allah."

Cette prise de conscience fut une révélation pour Baye. Il commença à prier avec une intention plus profonde, sentant ses préoccupations s'évaporer à mesure qu'il se connectait avec le divin. Chaque prière devenait une nouvelle expérience, une opportunité de purification, un moment de paix intérieure.

L'Importance de la Méditation

Après quelques semaines d'apprentissage de la prière, Cheikh Barham introduisit Baye à la méditation. "La prière est le fondement de notre foi, mais pour vraiment comprendre Allah, pour vraiment se rapprocher de Lui, il faut apprendre à méditer," expliqua le Cheikh. "Le Coran dit : 'Ceux qui, debout, assis ou couchés, invoquent Allah et méditent sur la création des cieux et de la terre, disent : "Notre Seigneur ! Tu n'as pas créé cela en vain. Gloire à Toi ! Garde-nous du châtiment du Feu"' (3:191). La méditation nous aide à réfléchir sur la création, à comprendre la grandeur d'Allah et notre place dans l'univers."

Cheikh Barham enseigna à Baye comment se concentrer sur sa respiration, comment vider son esprit des distractions, et comment se centrer sur le souvenir d'Allah en utilisant la prière sur le Prophète (s.a.w) la salatoul Fatiha. Ils passaient des heures assis ensemble en silence, respirant lentement, prononçant doucement la salatoul Fatiha. Baye trouvait cela difficile au début ; son esprit vagabondait souvent, attiré par les soucis du quotidien, par les pensées distrayantes. Mais sous la guidance patiente du Cheikh, il apprit à calmer son esprit, à trouver le silence intérieur.

"Ne te précipite pas, Baye," lui disait le Cheikh lorsqu'il sentait son impatience. "La méditation est une discipline, un acte de patience. Comme le dit le Coran, 'Et soyez patients et persévérez dans l'endurance et renforcez-vous (pour combattre les attaques) et craignez Allah, afin que vous réussissiez !' (3:200). Avec le temps, tu apprendras à entendre la voix d'Allah dans le silence de ton cœur."

Au fil des jours, Baye commença à ressentir les bienfaits de la récitation de la salatoul Fatiha. Son esprit était plus clair, plus focalisé, et une paix nouvelle commençait à s'installer dans son cœur. Il se rendit compte que la religion n'était pas seulement une pratique, mais un état d'esprit, un moyen de se détacher des préoccupations du monde et de se reconnecter avec l'essence divine.

L'Art du Zikr

Le Zikr, ou l'invocation du nom d'Allah, devint une autre pratique fondamentale dans l'apprentissage de Baye. Cheikh Barham lui expliqua que le Zikr était bien plus qu'une simple récitation ; c'était un moyen de purifier le cœur et de renforcer la connexion avec Allah. "Le Prophète (s.a.w.) a dit : 'Le meilleur souvenir (Zikr) est La ilaha illallah (Il n'y a de divinité digne d'adoration qu'Allah).' Quand tu dis ces mots, Baye, ressens-les dans ton cœur, comprends leur signification. Ces mots ne sont pas seulement des mots, ils sont une déclaration de foi, une affirmation de l'unicité d'Allah."

Baye se souvint des séances de Zikr qu'il avait vues dans son enfance, lorsque les anciens de la ville se rassemblaient pour chanter ensemble, leurs voix s'élevant dans la nuit, remplies de dévotion et de passion. Maintenant, il comprenait l'importance de cette pratique. Sous la guidance du Cheikh, il apprit à pratiquer le Zikr de manière régulière, répétant les noms d'Allah, se perdant dans le rythme et la cadence des mots, laissant leur signification imprégner son cœur.

"Le Zikr est comme un baume pour l'âme," expliqua le Cheikh. "Lorsque tu pratiques le Zikr, tu te rappelles constamment la présence d'Allah dans ta vie. 'Invoquez Allah en abondance, afin que vous réussissiez' (62:10), dit le Coran.

Chaque invocation est comme une goutte d'eau sur une pierre, usant doucement les impuretés de ton cœur."

Au fil du temps, Baye commença à ressentir une transformation intérieure. Il se sentait plus calme, plus centré, plus en paix avec lui-même et avec le monde qui l'entourait. Les préoccupations matérielles qui l'avaient autrefois tourmenté semblaient désormais lointaines et insignifiantes. Il se sentait porté par une force intérieure, une présence divine qui guidait chacun de ses pas.

Histoires de Transformation

Un jour, après une séance intense de Zikr, Cheikh Barham partagea avec Baye l'histoire vraie de **Rabi'a al-Adawiyya**, une sainte soufie du VIIIe siècle connue pour son amour et sa dévotion inconditionnelle envers Allah. Rabi'a avait vécu dans la pauvreté et la simplicité toute sa vie, mais elle était connue pour sa sagesse et sa proximité avec Allah. Un jour, un homme riche lui offrit de l'argent pour améliorer sa condition, mais elle refusa poliment. Lorsqu'on lui demanda pourquoi, elle répondit : "Pourquoi devrais-je désirer de l'or quand mon cœur est rempli de l'amour d'Allah ?"

Cheikh Barham poursuivit : "Rabi'a passait des heures en prière, en méditation et en Zikr, cherchant toujours à se rapprocher de Dieu. Elle disait souvent : 'Ô Allah, si je t'adore par peur de l'enfer, brûle-moi en enfer. Si je t'adore dans l'espoir du paradis, exclue-moi du paradis. Mais si je t'adore pour toi seul, ne me refuse pas ta beauté éternelle.' Elle nous a montré que le véritable amour d'Allah ne connaît pas de conditions."

Baye écouta, inspiré par cette histoire de dévotion pure. Il comprit que la foi ne pouvait être conditionnée par des désirs matériels ou des attentes. Elle devait être un acte d'amour inconditionnel, une dévotion totale à Allah.

La Foi Comme Chemin de Vie

Sous la guidance continue de Cheikh Barham, Baye Niass commença à intégrer la foi dans tous les aspects de sa vie. Il apprit à voir chaque action, chaque pensée, comme une forme de dévotion. Il commença à comprendre que la foi n'était pas seulement une série de rituels ou de pratiques, mais un mode de vie, un chemin de transformation intérieure.

"Tout ce que tu fais, Baye, fais-le avec l'intention de plaire à Allah," lui rappelait le Cheikh. "Le Prophète (s.a.w.) a dit : 'Les actions ne valent que par leurs intentions.' Si tu vis ta vie avec la bonne intention, en cherchant toujours à plaire à Allah, alors chaque action, aussi petite soit-elle, devient un acte de foi."

Baye s'efforça de vivre selon ces principes. Il commença à être plus attentif à ses paroles, à ses pensées, à ses actions. Il chercha à aider les autres, à être généreux, à pardonner ceux qui lui avaient fait du tort. Il ressentit une transformation progressive mais profonde en lui-même, comme si une nouvelle lumière brillait dans son cœur, guidant chacun de ses pas.

Il se rendit compte que la vie était un chemin de découverte continue, une opportunité de se rapprocher de Dieu à chaque instant. Il se souvint des paroles du Coran, 'Ceux qui ont cru et fait de bonnes œuvres auront pour demeure les Jardins du 'Firdaws' (Paradis), où ils demeureront éternellement' (18:107-108). Ces versets lui rappelaient que la foi était une voie de lumière, une voie de paix, et une voie d'amour.

À travers l'apprentissage de la prière, de la méditation et du Zikr, Baye Niass découvrit une nouvelle dimension de sa foi, une dimension qui transcendait les limites du monde matériel et ouvrait les portes de l'infini. Il réalisa que la foi était bien plus qu'une croyance ; c'était un voyage de l'âme, une quête de vérité, une rencontre avec l'essence divine.

Et ainsi, chaque jour, Baye continuait à marcher sur ce chemin de lumière, guidé par la sagesse de Cheikh Barham, fortifié par les enseignements du Coran, inspiré par les histoires des grands saints, et rempli d'un amour inconditionnel pour Allah. Son cœur, autrefois tourmenté par le doute et la confusion, commençait à trouver la paix dans la certitude de la foi, et il savait que son voyage ne faisait que commencer.

Chapitre 4 : Les Épreuves de la Jeunesse

Depuis qu'il avait commencé son apprentissage spirituel, chaque jour semblait être une nouvelle leçon, une nouvelle opportunité de se rapprocher d'Allah. Mais ce jour-là, une ombre assombrissait son cœur. La nuit précédente, il avait rêvé d'Oumar, son ami d'enfance, et ce rêve l'avait laissé avec un sentiment de malaise profond.

Oumar et Baye avaient grandi ensemble, partageant des rires, des jeux, et des secrets d'enfance. Ils étaient comme des frères, inséparables dans leurs aventures. Mais avec le temps, leurs chemins avaient commencé à diverger. Alors que Baye se plongeait dans la spiritualité, Oumar s'enfonçait de plus en plus dans les plaisirs éphémères de la vie. Fasciné par la richesse et la facilité apparente qu'elle apportait, il fréquentait de plus en plus des compagnies douteuses et se livrait à des activités qui n'avaient rien de louable.

La Tentation de la Richesse Facile

Ce matin-là, en chemin vers la maison du Cheikh, Baye croisa Oumar. Son ami, vêtu de vêtements flamboyants, s'appuyait contre une voiture brillante, entouré de quelques jeunes hommes qui riaient et parlaient fort. Baye se souvenait de l'ancien Oumar, celui avec qui il avait partagé ses rêves d'enfance. Mais cet Oumar-là semblait être un étranger.

"Oumar !" appela Baye, essayant de percer la distance qui s'était creusée entre eux.

Oumar se tourna, un sourire large étirant ses lèvres. "Baye, mon frère ! Cela fait longtemps ! Tu es devenu si sérieux ces jours-ci, à traîner avec ce vieil homme, le Cheikh. Pourquoi ne viens-tu pas t'amuser avec nous ? Regarde, nous profitons de la vie !"

Baye sentit un pincement dans son cœur. "Oumar, je cherche autre chose. Ce n'est pas que je ne veux pas être avec toi, mais je crois que notre chemin est différent maintenant."

Oumar éclata de rire. "Oh, mon ami ! Tu parles comme un vieillard maintenant ! Viens, je te montrerai comment on vit vraiment. Regarde tout ce que j'ai, Baye. L'argent, les belles voitures, la compagnie des femmes. Tout cela peut être à toi aussi. Pourquoi te priver de ces plaisirs ?"

Baye se souvint des paroles du Coran : "La vie d'ici-bas n'est qu'un objet de jouissance trompeuse" (57:20). Il savait que les richesses matérielles et les plaisirs éphémères n'étaient que des illusions, des pièges qui détournaient l'âme de sa quête de vérité. Mais il savait aussi qu'Oumar était sous l'emprise de ces illusions, et il ne pouvait pas le blâmer pour cela.

"Oumar," dit Baye doucement, "je ne juge pas tes choix. Mais je te demande de réfléchir. Tout cela, l'argent, les plaisirs, tout cela est temporaire. Que restera-t-il de nous quand tout cela disparaîtra ?"

Oumar secoua la tête, son sourire disparaissant. "Baye, tu parles comme un homme qui a abandonné. Moi, je veux vivre !"

Baye ressentit une douleur profonde. Il savait qu'il ne pouvait pas forcer Oumar à voir la vie à travers ses yeux, mais il souhaitait ardemment que son ami trouve la paix qu'il avait lui-même commencée à découvrir. "Je prie pour toi, mon frère," dit-il doucement. "Je prie pour que tu trouves ce que tu cherches."

Oumar le regarda avec une expression mitigée de frustration et de compassion. "Peut-être un jour, Baye. Mais aujourd'hui, je choisis de vivre à ma manière."

Les Pressions Sociales et la Débauche

Les jours suivants, Baye sentit le poids de la solitude. Ses visites à la maison du Cheikh lui apportaient paix et réconfort, mais chaque fois qu'il passait devant les rues bruyantes de Diourbel, il était témoin des mêmes scènes de débauche : les jeunes hommes séduits par l'illusion de la richesse facile, les rires bruyants et les chansons alcoolisées qui remplissaient l'air.

Un soir, alors qu'il se dirigeait vers la mosquée pour la prière du Maghreb, il croisa Fatoumata. Elle marchait d'un pas rapide, une expression de préoccupation sur le visage. "Baye, as-tu entendu parler d'Oumar ?" demanda-t-elle, ses yeux brillant d'inquiétude. Baye secoua la tête. "Non, que s'est-il passé ?"

Fatoumata soupira. "Il est impliqué dans des affaires louches, Baye. On dit qu'il est associé à des trafiquants, des gens dangereux. Je suis inquiète pour lui."

Baye ressentit un frisson parcourir son corps. Oumar s'enfonçait de plus en plus dans l'obscurité, et il ne savait pas comment l'aider. "Je ne sais pas quoi faire, Fatoumata," dit-il honnêtement. "J'ai essayé de lui parler, mais il ne veut pas m'écouter."

"Continue de prier pour lui," répondit Fatoumata. "Allah guide ceux qu'Il veut. Peut-être qu'un jour, il verra la lumière."

Les paroles de Fatoumata résonnèrent en lui. Oui, la prière était sa seule arme, son seul moyen de combattre cette obscurité qui semblait envelopper son ami. Il se souvint des paroles du Coran : "Et ne désespérez pas de la miséricorde d'Allah. En vérité, nul ne désespère de la miséricorde d'Allah, sauf les gens mécréants" (12:87). Il ne pouvait pas désespérer pour Oumar, pas encore.

Le Conflit Intérieur de Baye

Les tentations et les pressions n'étaient pas les seules épreuves auxquelles Baye devait faire face. En lui-même, il sentait une lutte, un conflit entre son désir de suivre la voie de la foi et les attractions du monde matériel qui l'entouraient. Il était jeune, et comme tous les jeunes, il aspirait à des moments de légèreté, à des plaisirs innocents. Parfois, il se demandait s'il ne se privait pas trop, s'il ne passait pas à côté de la "vraie vie."

Un après-midi, alors qu'il méditait avec le Cheikh, il partagea ses doutes. "Cheikh," commença-t-il, hésitant. "Parfois, je me demande si je suis sur la bonne voie. Je vois mes amis s'amuser, profiter de la vie, et je me sens... tiraillé."

Cheikh Barham regarda Baye avec une compréhension profonde. "Mon fils," dit-il doucement, "la vie est pleine d'épreuves, et le chemin de la foi n'est jamais facile. Le Prophète (s.a.w.) a dit : 'Le monde est la prison du croyant et le paradis du mécréant.' Cela signifie que pour ceux qui croient, le monde matériel est une épreuve, un test de foi. Mais souviens-toi, Baye, que les récompenses d'Allah sont bien plus grandes que n'importe quel plaisir éphémère de ce monde."

Baye hocha la tête, sentant le poids de ces paroles. "Je comprends, Cheikh. Mais parfois, je me sens si seul."
"Tu n'es jamais seul, Baye," répondit le Cheikh. "Allah est toujours avec toi, Il entend tes prières, Il connaît tes peines. Continue de chercher Sa guidance, et Il te montrera le chemin."

Baye trouva du réconfort dans ces mots. Il se rendit compte que la solitude qu'il ressentait n'était pas une punition, mais une épreuve de sa foi, une opportunité de renforcer son lien avec Allah. Il se souvint des paroles du Coran : "Ne penses-tu pas qu'Allah connaît ce qu'il y a dans les cieux et sur la terre ? Il n'y a pas de confidence à trois sans qu'Il soit leur quatrième, ni de cinq sans qu'Il soit leur sixième" (58:7). Ces versets lui rappelaient que même dans les moments de doute et de solitude, Allah était toujours présent.

Une Épreuve de Foi

La foi de Baye fut mise à l'épreuve une nuit où il reçut un appel urgent de la famille d'Oumar. Son ami avait été arrêté par la police pour possession de substances illicites, et ils ne savaient pas quoi faire. Baye se précipita au poste de police, son cœur lourd d'inquiétude.

Lorsqu'il arriva, il trouva Oumar assis sur un banc, la tête basse, l'air abattu. Quand il le vit, Oumar leva les yeux, et pour la première fois depuis longtemps, Baye vit des larmes dans ses yeux.

"Baye, je suis désolé," murmura Oumar, sa voix brisée par la honte. "J'ai fait des erreurs… de grosses erreurs. Je ne sais pas comment réparer tout ça."

Baye s'assit à côté de lui, posant une main réconfortante sur son épaule. "Tu peux commencer par te tourner vers Allah, Oumar. Il est le Plus Miséricordieux, le Plus Pardonneur. Le Coran dit : 'Dis : "Ô Mes serviteurs qui avez commis des excès à votre propre détriment, ne désespérez pas de la miséricorde d'Allah. Car Allah pardonne tous les péchés. Oui, c'est Lui le Pardonneur, le Très Miséricordieux"' (39:53). Reviens à Lui, et Il te guidera."

Oumar ferma les yeux, des larmes coulant sur ses joues. "Je ne sais pas si je suis digne de Son pardon, Baye."

"Nous sommes tous indignes," répondit Baye doucement. "Mais Sa miséricorde est infinie. Ne désespère pas, mon frère."

Cette nuit-là marqua un tournant dans la vie d'Oumar. Avec l'aide de Baye et de sa famille, il commença un long chemin de rédemption, cherchant à se détourner de ses anciennes habitudes et à reconstruire sa vie sur des bases plus solides. Baye, de son côté, trouva une nouvelle force dans sa foi, une conviction renouvelée que, malgré les épreuves et les tentations, le chemin de la foi était celui de la véritable liberté.

La Réconciliation avec soi-même

Les mois qui suivirent furent marqués par de nombreux défis pour Baye. Il continua à être tenté par les plaisirs du monde, à se sentir attiré par la facilité de la richesse et de la débauche. Mais chaque fois qu'il vacillait, il se rappelait les paroles du Cheikh, les leçons de la prière, de la méditation, et du Zikr. Il se rappelait que la vie sur cette terre n'était qu'une épreuve, un test de sa foi et de sa dévotion à Allah.

Il se souvint d'une histoire que le Cheikh lui avait racontée, celle de Yusuf (Joseph), qui avait été tenté par les beautés de ce monde mais avait choisi de rester fidèle à Allah. "Elle [Zoulaykha] le désirait ; et il l'aurait désirée si ce n'eût été qu'il vit la preuve évidente de son Seigneur" (12:24). Baye comprit que, comme Yusuf, il devait rester fort dans sa foi, même face aux tentations.

Avec le temps, il apprit à trouver de la force dans ses épreuves, à voir chaque défi comme une opportunité de croissance spirituelle. Il réalisa que la jeunesse était une période d'apprentissage, de découverte, et de transformation. Il comprit que, malgré les pressions sociales et les tentations du monde, il avait le pouvoir de choisir son propre chemin, de suivre la lumière d'Allah dans les moments les plus sombres.
Et ainsi, malgré les défis et les épreuves, Baye continua de marcher sur le chemin de la foi, guidé par la lumière de l'Islam, inspiré par les enseignements de Cheikh Mohamed Barham, et fortifié par les paroles du Coran. Il savait que son voyage ne faisait que commencer, mais il était prêt à affronter chaque épreuve avec courage et dévotion, sachant que, peu importe les difficultés, Allah était toujours avec lui, guidant ses pas vers la lumière éternelle.

Chapitre 5 : L'Éveil Spirituel

Le matin se levait doucement sur Diourbel, apportant avec lui la fraîcheur de l'aube et la promesse d'un nouveau jour. Baye Niass s'éveilla avec une sensation de clarté inhabituelle, comme si un voile avait été levé de ses yeux. Depuis plusieurs mois maintenant, il s'était immergé dans l'apprentissage spirituel sous la guidance de Cheikh Mohamed Barham. Chaque jour, il méditait, priait, et étudiait les enseignements du Coran et de la Tariqa Tijjaniya. Mais récemment, quelque chose avait changé en lui. Il ressentait une paix intérieure qu'il n'avait jamais connue auparavant, une paix qui transcendait tout ce qu'il avait cru connaître.

Assis sous un grand manguier dans le jardin de la maison du Cheikh, Baye ferma les yeux et inspira profondément, laissant le parfum des fleurs envahir ses narines. Il sentait le vent léger caresser son visage, comme une caresse divine. Chaque souffle était une prière, chaque battement de son cœur une invocation silencieuse à Allah. "Allah, guide-moi sur le chemin droit," murmura-t-il, sentant un calme profond l'envahir.

Le Cheikh arriva, son pas léger et tranquille. Il sourit en voyant Baye perdu dans ses pensées. "Assalamu Alaikum, Baye," dit-il doucement.

"Wa Alaikum Assalam, Cheikh," répondit Baye en ouvrant les yeux.

"Tu sembles être dans une méditation profonde ce matin," observa le Cheikh en s'asseyant à côté de lui.

Baye hocha la tête. "Oui, Cheikh. Ces derniers temps, je ressens une paix que je n'avais jamais ressentie auparavant. Comme si... comme si j'étais enfin en harmonie avec moi-même et avec Allah."

Le Cheikh sourit, ses yeux brillants de sagesse. "Cela, Baye, est le début de l'éveil spirituel. Le Coran dit : 'Certes, ceux qui disent : "Notre Seigneur est Allah", et qui ensuite se tiennent sur le droit chemin, les anges descendent sur eux : "N'ayez pas peur et ne soyez pas affligés ; mais ayez la bonne nouvelle du Paradis qui vous a été promis"' (41:30). Quand tu trouves la paix intérieure, c'est comme si les anges eux-mêmes te réconfortaient."

Baye écouta attentivement. "Mais Cheikh, comment puis-je approfondir cette paix ? Comment puis-je m'assurer qu'elle ne me quitte jamais ?"

Le Cheikh posa une main réconfortante sur l'épaule de Baye. "La paix intérieure vient de la soumission totale à la volonté d'Allah. C'est un état de confiance, de foi absolue. Comme le Prophète (s.a.w.) l'a enseigné, 'Celui qui se soumet à Allah et accomplit de bonnes œuvres à sa récompense auprès de son Seigneur. Il n'aura ni crainte, ni chagrin.' (2:112). Tu dois te soumettre à Lui entièrement, Baye. Alors seulement, tu trouveras une paix durable."

Les Séances de Méditation Profonde

Les jours suivants, sous la guidance du Cheikh, Baye approfondit sa pratique de la méditation. Chaque matin, ils se retrouvaient sous le manguier, Baye s'asseyant en position de lotus, les mains reposant doucement sur ses genoux, les paumes tournées vers le ciel, un symbole d'ouverture à la grâce divine. Cheikh Barham le guidait à travers des méditations de plus en plus profondes, l'amenant à explorer les recoins les plus intimes de son âme.

"Ferme les yeux, Baye," dit le Cheikh un matin. "Concentre-toi sur ta respiration. Sens chaque inspiration comme une lumière divine qui entre en toi, et chaque expiration comme un souffle de paix qui apaise ton âme."

Baye suivit les instructions, se laissant emporter par le rythme de sa propre respiration. Il sentit une chaleur douce s'élever dans sa poitrine, se répandant dans tout son corps. Il se perdit dans cette sensation, se sentant flotter, léger comme une plume, libre des chaînes du monde matériel.
"Visualise un jardin intérieur," poursuivit le Cheikh d'une voix douce. "Un jardin où chaque fleur est une pensée pure, chaque arbre est une intention sincère. Vois ce jardin grandir, nourri par la lumière d'Allah."

Baye visualisa ce jardin en lui, un espace de pureté et de beauté, où les soucis du monde ne pouvaient pénétrer. Il sentit une connexion profonde avec cette vision, une sensation d'être à la fois dans ce jardin et d'en être le jardinier.

Après un long moment, il ouvrit les yeux et regarda le Cheikh. "Cheikh," dit-il, "je sens comme si je découvrais un monde nouveau à l'intérieur de moi. Un monde de paix et de lumière."

Le Cheikh sourit. "C'est le monde que tu crées avec tes pensées et tes intentions, Baye. Le Coran nous enseigne que 'Celui qui aura fait le poids d'un atome de bien le verra' (99:7). Chaque pensée pure, chaque bonne intention, est une graine de lumière plantée dans le jardin de ton âme."

Les Études Intenses et la Réflexion

En plus des méditations, Baye s'engagea dans des études intenses du Coran et des écrits des grands maîtres soufis. Il passa des heures dans la bibliothèque du Cheikh, lisant et réfléchissant sur les textes sacrés. Chaque verset, chaque mot, semblait prendre une nouvelle signification à la lumière de son éveil spirituel.

Un après-midi, alors qu'il étudiait, il tomba sur un verset qui l'émut profondément : "Et à ceux qui craignent Allah, Il leur donnera une issue favorable et leur accordera Ses dons par des moyens sur lesquels ils ne comptaient pas" (65:2-3). Baye comprit que la vraie richesse ne venait pas de l'accumulation de biens matériels, mais de la foi et de la confiance en Allah.

Il se tourna vers le Cheikh, qui l'observait avec un sourire bienveillant. "Cheikh, ce verset... je sens qu'il parle directement à moi. Il me dit que tant que je crains Allah et que je reste sur le droit chemin, Il me fournira tout ce dont j'ai besoin." Le Cheikh hocha la tête. "Oui, Baye. C'est la promesse d'Allah. La foi en Lui est la clé qui ouvre toutes les portes. Tant que tu te confies en Lui, Il pourvoira à tous tes besoins, de façons que tu ne peux même pas imaginer."

Baye se sentit submergé par une vague de gratitude. Il réalisa que tout ce dont il avait besoin, il l'avait déjà. La paix, la sécurité, la guidance—tout était en lui, tout venait d'Allah.

L'Histoire de l'Éveil Spirituel d'un Ancien

Pour illustrer l'importance de l'éveil spirituel, Cheikh Barham partagea un jour avec Baye une histoire vraie de Hasan al-Basri, un grand mystique de l'Islam. Hasan, né en 642 à Médine, était un homme qui avait tout pour réussir dans la vie matérielle. Mais dès son jeune âge, il avait choisi de se tourner vers la vie spirituelle.

"Hasan était connu pour sa piété et son amour inconditionnel pour Allah," commença le Cheikh. "Un jour, un homme riche vint lui rendre visite et lui offrit une grande somme d'argent. Hasan refusa poliment, disant : 'Je n'ai besoin de rien d'autre que de l'amour d'Allah. La richesse de ce monde est un mirage. Le seul trésor est celui que nous trouvons dans notre cœur lorsque nous nous tournons vers Allah.'"

Baye écouta avec fascination, sentant chaque mot résonner profondément en lui. "Et que s'est-il passé ensuite, Cheikh ?" demanda-t-il, avide d'en savoir plus.

"Hasan continua de vivre une vie simple, dépourvue de luxe matériel, mais riche en sagesse et en amour divin," poursuivit le Cheikh. "Il disait souvent que la vraie richesse est celle de l'âme, non pas celle du monde. Il enseigna à ses disciples que la paix intérieure et la connexion avec Allah étaient les seules véritables richesses de la vie."

Baye sentit une émotion intense monter en lui. "Je comprends maintenant, Cheikh," dit-il doucement. "Je comprends pourquoi la paix intérieure est plus précieuse que toute richesse matérielle."

Le Dialogue Intérieur de Baye

À travers ses méditations et ses études, Baye commença à développer un dialogue intérieur avec lui-même. Il se posait des questions profondes sur le sens de la vie, sur son rôle en tant que serviteur d'Allah, et sur comment il pouvait utiliser ses talents pour servir l'humanité.

Un soir, alors qu'il méditait seul, il se posa une question fondamentale : "Qu'est-ce que je cherche vraiment dans cette vie ?" Il réfléchit profondément, se souvenant des paroles du Cheikh et des enseignements du Coran. "Je cherche la paix, la vérité, et la connexion avec Allah," se répondit-il finalement. "Je cherche à vivre une vie qui est en accord avec Ses volontés, à être une source de lumière et de paix pour ceux qui m'entourent."

Il se rappela des mots du Prophète (s.a.w.) : "Le plus aimé d'Allah est celui qui est le plus utile aux autres." Il comprit que son éveil spirituel ne devait pas seulement être pour lui-même, mais aussi pour le bien de sa communauté, de son pays, et du monde entier.

Une Rencontre Transformative

Un matin, après une méditation particulièrement profonde, Baye décida de rendre visite à Oumar, son ami d'enfance. Depuis son arrestation, Oumar avait commencé à changer, mais Baye sentait qu'il avait besoin d'un soutien spirituel pour l'aider à se transformer complètement.

Oumar ouvrit la porte avec un sourire fatigué mais sincère. "Baye, mon frère, entre," dit-il. "Cela fait longtemps."
Baye entra et s'assit. "Comment vas-tu, Oumar ?"

Oumar soupira. "J'essaie de changer, Baye. J'essaie de m'éloigner de mes anciennes habitudes, mais c'est difficile. Parfois, je me sens tellement perdu."

Baye hocha la tête avec compréhension. "Je comprends, Oumar. La voie de la transformation n'est jamais facile. Mais souviens-toi, Allah est toujours là pour nous guider. 'En vérité, Allah ne modifie point l'état d'un peuple, tant que les gens qui le composent ne modifient pas ce qui est en eux-mêmes' (13:11). Le changement commence de l'intérieur."

Oumar écouta, ses yeux remplis de larmes. "Je veux trouver la paix que tu as trouvée, Baye. Mais comment puis-je y parvenir ?"
Baye sourit doucement. "Par la foi, par la prière, et par le Zikr de la salatoul Fatiha, Oumar. Commence par te tourner vers Allah avec sincérité. Demande-Lui de te guider, de purifier ton cœur. Et souviens-toi que chaque pas, aussi petit soit-il, te rapproche de Lui."
Cette conversation fut un tournant pour Oumar. Avec l'aide de Baye, il commença à prier régulièrement, à méditer, et à réciter le Zikr. Il commença à ressentir une paix intérieure croissante, une connexion renouvelée avec Allah. Et pour la première fois depuis longtemps, il se sentit sur le chemin de la rédemption.

Le Triomphe de l'Éveil

Au fil des mois, Baye continua de grandir spirituellement. Il réalisa que l'éveil spirituel n'était pas un événement unique, mais un processus continu, une quête constante de vérité et de paix intérieure. Il comprit que chaque jour était une nouvelle opportunité d'approfondir sa foi, de renforcer sa connexion avec Allah, et de servir sa communauté avec amour et compassion.
Il se rendit compte que la paix qu'il ressentait ne venait pas de l'absence de défis ou de difficultés, mais de sa capacité à les affronter avec foi et résilience. Il

comprit que la vraie richesse n'était pas dans l'accumulation de biens matériels, mais dans la pureté de l'âme et la profondeur de la connexion avec Allah.

En partageant son voyage avec les autres, Baye trouva un nouveau but, une nouvelle mission aider ceux qui étaient perdus à trouver leur propre chemin vers l'éveil spirituel. Il devint un guide, un phare de lumière pour sa communauté, inspirant les jeunes et les moins jeunes à chercher la paix intérieure et la vérité dans leur propre cœur.

Et ainsi, Baye Niass continua de marcher sur le chemin de la lumière, guidé par la sagesse du Cheikh, fortifié par les enseignements du Coran, et inspiré par l'amour d'Allah. Il savait que son voyage ne faisait que commencer, mais il était prêt à affronter chaque étape avec foi, amour, et dévotion, sachant que la paix intérieure qu'il avait trouvée était plus précieuse que tout ce que le monde pouvait offrir.

Chapitre 6 : Le Combat Intérieur

Les rayons du soleil couchant teintaient le ciel de Diourbel de nuances d'orange et de pourpre, projetant des ombres longues sur les rues poussiéreuses de la ville. Baye Niass marchait lentement vers sa maison, le cœur lourd. Depuis plusieurs mois, il s'était engagé pleinement sur le chemin spirituel, guidé par la sagesse de Cheikh Mohamed Barham. Il avait trouvé une paix intérieure qu'il n'avait jamais connue auparavant. Mais malgré ses progrès spirituels, Baye se sentait encore en proie à un combat intérieur intense.

Chaque jour apportait ses propres défis. Les tentations du monde matériel, qu'il pensait avoir laissées derrière lui, revenaient sans cesse, comme des vagues contre une falaise. Les rires et les fêtes de ses anciens amis, la promesse de la richesse facile, les plaisirs éphémères de la vie—tout cela semblait l'appeler encore. Il se sentait tiraillé entre son ancien moi, désireux de satisfaire ses désirs terrestres, et son nouveau moi, dévoué à la voie de l'Islam et à la quête de la paix spirituelle.

Le Retour des Désirs Anciens

Un soir, alors qu'il se préparait pour la prière du Maghreb, Baye ressentit une agitation intérieure. Il se souvint de ses jours d'insouciance, quand il passait des soirées avec ses amis, rieurs et joyeux, oubliant les soucis du lendemain. Il se rappela de la chaleur des fêtes, des danses sous les étoiles, des plaisirs simples mais enivrants. Un désir furtif de revenir à ces moments le traversa.

"Baye, viens, c'est Oumar," l'interpella une voix familière alors qu'il sortait de sa maison. Il leva les yeux et vit Oumar, debout devant lui, un sourire incertain sur le visage. "Nous avons une petite fête ce soir... juste entre amis. Tu devrais venir. Cela te ferait du bien de te détendre un peu."

Baye hésita. Son cœur battait la chamade. L'invitation de son ami le tenta, réveillant en lui des souvenirs agréables mais contraires à sa nouvelle voie. Il se rappela de leurs soirées ensemble, des rires et de la camaraderie. Mais il savait aussi que ces moments avaient souvent dégénéré en excès, en comportements qu'il regrettait.

"Oumar, tu sais que je ne fais plus ce genre de choses," répondit-il doucement.

Oumar insista, son sourire se faisant plus large. "Juste cette fois, Baye. Nous avons tous besoin de relâcher la pression de temps en temps. Cela ne fera pas de mal."

Baye baissa les yeux, sentant le poids de son combat intérieur. Il se rappela des paroles du Coran : "Et quant à celui qui aura dépassé les limites et préféré la vie présente, alors, l'Enfer sera son refuge" (79:37-39). Il savait que céder à ses anciens désirs ne ferait que le détourner de la voie qu'il avait choisi de suivre.

"Je comprends, Oumar," dit-il enfin, levant les yeux vers son ami avec détermination. "Mais je ne peux pas. Mon cœur a trouvé une nouvelle paix, une paix que je ne veux pas compromettre."

Oumar soupira, déçu mais respectueux. "Très bien, Baye. Mais sache que tu nous manques."

Le Déchirement du Cœur

Malgré sa décision, Baye se sentit tourmenté. Le soir, après la prière, il resta assis seul dans la mosquée, plongé dans une profonde réflexion. Pourquoi se sentait-il si déchiré entre ces deux mondes ? Pourquoi, même après avoir trouvé une paix intérieure, ces désirs anciens persistaient-ils ?

Cheikh Mohamed Barham, qui observait Baye depuis un coin de la mosquée, s'approcha doucement et s'assit à côté de lui. "Tu sembles perturbé, Baye," dit-il d'une voix douce.
Baye leva les yeux, les yeux remplis de confusion. "Cheikh, pourquoi est-ce si difficile de se détacher du passé ? Pourquoi ces désirs continuent-ils de me hanter, même maintenant que je me suis engagé sur cette nouvelle voie ?"

Le Cheikh sourit avec une sagesse sereine. "Mon fils, le chemin vers Allah est pavé d'épreuves, et l'une des plus grandes épreuves est le combat contre soi-même, contre son Nafs, son ego. Le Coran dit : 'Et quant à celui qui aura craint de comparaître devant son Seigneur et préservé son âme de la passion, le Paradis sera alors son refuge' (79:40-41). Ce que tu ressens, ce conflit intérieur, est une partie essentielle de ton voyage spirituel."

"Mais pourquoi, Cheikh ?" demanda Baye, sa voix tremblante d'émotion. "Pourquoi ces désirs ne disparaissent-ils pas ? Pourquoi est-ce si difficile de les vaincre ?"

"Parce que ton Nafs, ton ego, est une force puissante," répondit le Cheikh. "Elle est ancrée dans les désirs du monde, dans les plaisirs éphémères. Mais rappelle-toi, Baye, que chaque désir que tu surmontes, chaque tentation que tu repousses, renforce ta foi. C'est le Jihad al-Nafs, le plus grand combat. Et Allah récompense ceux qui luttent pour Sa cause."

Le Jihad Intérieur

Baye comprit que son combat intérieur n'était pas un signe de faiblesse, mais un signe de sa croissance spirituelle. Il réalisa que chaque jour, chaque tentation qu'il surmontait, le rapprochait de plus en plus d'Allah. Il se souvenait des paroles du Prophète (s.a.w.) : "Le vrai combattant est celui qui combat son ego pour Allah."

Les jours suivants furent marqués par une intensité renouvelée dans ses pratiques spirituelles. Il se consacra à des séances de méditation plus profondes, cherchant à apaiser les tumultes de son esprit. Il intensifia ses prières, se levant même la nuit pour le Tahajjud, la prière nocturne, espérant trouver du réconfort dans les heures les plus silencieuses de la nuit.
Un soir, après une longue séance de méditation, Baye se retrouva seul dans la mosquée, ses pensées errantes. Il se demanda si sa lutte finirait un jour, s'il atteindrait un point où ces désirs ne l'affecteraient plus.

Il ferma les yeux et se rappela d'une histoire que le Cheikh lui avait racontée, celle de Yusuf (Joseph), qui avait été tenté par la femme de son maître, mais qui avait choisi de rester fidèle à Allah. "Elle le désira et il l'aurait désirée, n'eût été qu'il vit la preuve évidente de son Seigneur" (12:24). Yusuf avait vu au-delà des tentations immédiates, au-delà des désirs éphémères, et avait choisi la voie de la droiture.

Baye ouvrit les yeux, sentant une nouvelle détermination naître en lui. "Je dois voir au-delà de mes désirs," se dit-il à lui-même. "Je dois voir la vérité d'Allah, la paix qu'Il offre à ceux qui restent fermes dans leur foi."

Une Épreuve Personnelle

Cependant, la vie n'avait pas encore fini de tester la foi de Baye. Un jour, alors qu'il se rendait au marché pour acheter des provisions, il croisa une vieille connaissance, Aïcha, une femme avec qui il avait partagé un amour innocent pendant sa jeunesse. Leurs chemins s'étaient séparés depuis longtemps, mais la vue de son sourire chaleureux réveilla en lui des émotions enfouies.

"Aïcha, c'est toi ?" demanda-t-il, surpris de la voir là.

"Oui, Baye, c'est moi," répondit-elle avec un sourire doux. "Cela fait longtemps."

Ils échangèrent quelques mots, évoquant des souvenirs de leur jeunesse. Aïcha était aussi belle et charmante qu'il se souvenait, et une partie de lui se sentit attirée par elle, comme avant. Mais une autre partie, plus forte, lui rappela son engagement envers sa foi, son engagement envers Allah.

"J'ai entendu dire que tu t'es converti à l'islam Baye," dit Aïcha doucement. "Que tu es devenu un homme de foi, un disciple de Cheikh Ibrahima Niass."

Baye hocha la tête. "Oui, Aïcha. J'ai trouvé un chemin qui me donne une paix que je n'aurais jamais imaginée."

Elle sourit tristement. "Je suis heureuse pour toi, Baye. Mais parfois, je me demande ce qui aurait pu être..."

Le cœur de Baye se serra à ses paroles. Mais il savait que ses choix passés, bien que difficiles, l'avaient mené sur le chemin qu'il devait suivre. "Aïcha," dit-il doucement, "je crois que chacun de nous suit un chemin tracé par Allah. Et je prie pour que ton chemin t'apporte autant de paix que le mien m'en a apporté."

Elle hocha la tête, ses yeux brillant de larmes. "Merci, Baye. Que Dieu te bénisse."

Ils se séparèrent, et alors qu'il s'éloignait, Baye sentit le poids de son combat intérieur s'alléger. Il réalisa que l'amour, le désir, les tentations—tout cela faisait partie du test de la vie. Mais il comprit aussi que la véritable victoire était de rester fidèle à Allah, de voir au-delà des désirs immédiats et de se concentrer sur la paix intérieure que seule la foi pouvait offrir.

La Transformation Par La Foi

Baye se rendit compte que sa lutte contre ses désirs n'était pas un obstacle, mais une opportunité de renforcer sa foi, d'approfondir sa connexion avec Allah. Il comprit que chaque défi, chaque tentation, chaque désir, était un test de sa dévotion, une chance de prouver son amour pour Allah.

Cheikh Barham le lui avait souvent dit : "Baye, la vie est une série d'épreuves. Mais souviens-toi, chaque épreuve surmontée est une marche vers Allah. 'Nous vous éprouverons certes par un peu de peur, de faim, de diminution de biens, de personnes et de fruits. Et annonce la bonne nouvelle aux endurants' (2:155). Ceux qui endurent avec foi, qui restent fermes dans leur engagement, seront récompensés."

Les paroles du Cheikh prirent une nouvelle signification pour Baye. Il comprit que le combat intérieur qu'il menait n'était pas contre le monde, mais contre lui-même. Et chaque victoire, chaque moment où il choisissait la foi plutôt que le désir, le rapprochait un peu plus de la paix éternelle d'Allah.

Les jours suivants, Baye continua de méditer, de prier et de chercher des réponses dans les enseignements du Coran. Il sentit un calme grandissant en lui, une certitude que, peu importe les défis à venir, il était sur le bon chemin. Il comprit que le vrai combat n'était pas de vaincre le monde, mais de se vaincre soi-même, de dompter son Nafs, et de rester fidèle à Allah.

Un matin, alors qu'il méditait sous le manguier, il sentit une lumière intérieure s'allumer en lui, une lumière qui chassait l'obscurité de ses doutes et de ses désirs. Il réalisa que la paix intérieure n'était pas l'absence de conflit, mais la présence de foi. Il se rappela des paroles du Coran : "En vérité, avec la difficulté vient la facilité" (94:6). Il comprit que chaque difficulté qu'il surmontait, chaque désir qu'il maîtrisait, apportait une facilité spirituelle, une paix intérieure que rien dans ce monde ne pouvait ébranler.

Et ainsi, Baye Niass continua de marcher sur le chemin de la foi, engagé dans le plus grand des combats—le combat contre lui-même. Mais il le faisait avec un cœur rempli de paix, une âme connectée à Allah, et une certitude inébranlable que, tant qu'il restait fidèle à sa foi, il trouverait toujours la lumière, même dans les moments les plus sombres.

Chapitre 7 : La Lumière de la Tariqa Tijjaniya

Les nuits avaient une qualité mystique, surtout lorsque la lune était pleine, baignant les rues et les maisons d'une lumière argentée. Pour Baye Niass, ces nuits silencieuses étaient devenues des moments privilégiés pour la contemplation et l'étude. Sous la guidance de Cheikh Mohamed Barham, il avait commencé à explorer plus en profondeur la Tariqa Tijjaniya, cette voie soufie qui avait changé sa vie et lui avait apporté une paix intérieure si précieuse.

La Tariqa Tijjaniya, fondée par Cheikh Ahmad al-Tijani au XVIIIe siècle, prônait un retour à la pureté de la foi et à l'adoration sincère d'Allah. Pour Baye, ces enseignements n'étaient pas seulement des concepts théoriques, mais des vérités vivantes, des réalités spirituelles qu'il pouvait sentir grandir en lui à chaque prière, chaque méditation, chaque Zikr. Mais plus que tout, il commençait à comprendre comment cette voie pouvait être un phare pour les jeunes, une lumière guidant ceux qui, comme lui, cherchaient la paix dans un monde de plus en plus troublé.

La Profondeur des Enseignements Tijjani

Un après-midi, après la prière de Dhuhr, Baye s'assit avec le Cheikh sous leur manguier habituel. Le vent soufflait doucement, portant avec lui le parfum des fleurs de frangipanier. "Cheikh," commença Baye, le regard intense, "j'ai étudié les principes de la Tariqa Tijjaniya, mais j'ai l'impression qu'il y a encore tellement à apprendre. Comment cette voie peut-elle aider les jeunes comme moi à trouver la stabilité dans ce monde en crise ?"

Cheikh Barham sourit, ses yeux pétillant de sagesse. "Mon fils, la Tariqa Tijjaniya est une lumière dans l'obscurité," répondit-il doucement. "Elle est basée sur trois piliers essentiels : l'amour d'Allah, la connaissance de soi, et le service aux autres. En cultivant ces trois aspects, un jeune peut trouver la paix intérieure, même au milieu des tempêtes extérieures."

Baye écoutait attentivement. "L'amour d'Allah," dit-il lentement. "C'est facile à dire, mais comment peut-on vraiment le vivre au quotidien ?"

Le Cheikh hocha la tête. "L'amour d'Allah, Baye, n'est pas seulement une émotion, c'est un état d'être. C'est être conscient de Sa présence en tout temps, de se rappeler constamment que tout ce que nous faisons est pour Lui. Comme il est dit dans le Coran : 'Dis : "En vérité, ma prière, mes actes de dévotion, ma vie et ma mort appartiennent à Allah, Seigneur de l'Univers"' (6:162). Cet amour doit te guider dans toutes tes actions, te pousser à chercher ce qui est le plus plaisant pour Lui."

L'Importance de la Connaissance de Soi

Le Cheikh continua : "La connaissance de soi est le deuxième pilier. Beaucoup de jeunes aujourd'hui cherchent à trouver leur identité dans des choses extérieures—la mode, les tendances, la validation des autres. Mais la véritable identité, Baye, se trouve à l'intérieur. Le Prophète (s.a.w.) a dit : 'Celui qui connaît son âme, connaît son Seigneur.' La Tariqa Tijjaniya enseigne l'importance de l'introspection, de comprendre ses propres forces et faiblesses, ses désirs et ses peurs, et de les aligner avec la volonté d'Allah."

Baye réfléchit à ces paroles. Il se souvenait de ses propres luttes intérieures, de ses moments de doute, de ses désirs conflictuels. Mais il réalisa que ces luttes étaient des étapes essentielles sur le chemin de la connaissance de soi. "Je commence à comprendre, Cheikh," dit-il doucement. "Je commence à voir que mes épreuves personnelles sont des opportunités d'apprendre sur moi-même, de me rapprocher d'Allah."

Le Cheikh sourit. "Exactement, Baye. Chaque épreuve est une chance de grandir, de se purifier. Le Coran dit : 'Nous vous éprouverons certes jusqu'à ce que Nous sachions ceux d'entre vous qui luttent et ceux qui endurent avec patience; et afin d'éprouver vos nouvelles' (47:31). En te connaissant toi-même, tu peux mieux comprendre ta relation avec Allah, et en comprenant cette relation, tu trouves la stabilité dans un monde en crise."
Le Service aux Autres : Un Acte de Dévotion

"Et le troisième pilier, Cheikh ? Le service aux autres ?" demanda Baye, curieux de savoir comment cela se rattachait à sa quête personnelle.

"Le service aux autres est l'acte d'amour ultime," répondit le Cheikh. "Il est dit que 'celui qui est le plus aimé d'Allah est celui qui est le plus utile aux autres.' En aidant les autres, en étant une source de réconfort et de soutien, tu te rapproches d'Allah. Tu deviens un reflet de Sa miséricorde et de Son amour. En ces temps de crise, il est plus important que jamais pour les jeunes de s'entraider, de construire des communautés fondées sur la compassion et l'entraide."

Baye sentit une lumière s'allumer en lui. Il comprit que sa propre quête spirituelle ne se limitait pas à lui-même, mais qu'elle faisait partie d'un réseau plus vaste de relations humaines. "Je vois, Cheikh," dit-il avec conviction. "En servant les autres, je ne sers pas seulement ma communauté, mais je sers aussi Allah."

Une Histoire de Transformation par la Tariqa Tijjaniya

Pour illustrer ses enseignements, le Cheikh partagea une histoire vraie avec Baye, celle de Sidi al-Mukhtar al-Kunti, un grand maître de la Tariqa Tijjaniya du XVIIIe siècle. "Sidi al-Mukhtar était un homme de grande sagesse et de dévotion," commença le Cheikh. "Il vivait dans le désert du Sahara, où il enseignait aux jeunes la voie de la Tijjaniya. Un jour, un jeune homme riche et arrogant vint le voir, cherchant la paix intérieure. Il avait tout—l'argent, le pouvoir, le statut— mais il se sentait vide."

Baye écouta attentivement, captivé par l'histoire.

"Le jeune homme demanda à Sidi al-Mukhtar : 'Comment puis-je trouver la paix que vous semblez avoir, maître ?' Sidi al-Mukhtar répondit simplement : 'Renonce à ton Nafs, ton ego. Servir Allah et les autres avec sincérité et humilité, et tu trouveras ce que tu cherches.' Le jeune homme, perplexe, décida de rester et d'apprendre. Il passa des mois à étudier, à méditer, à servir les autres sans attendre de récompense. Et petit à petit, il sentit une transformation en lui. La paix qu'il cherchait commença à émerger, non pas de l'extérieur, mais de l'intérieur."

Baye sourit, se voyant dans cette histoire. Il réalisa que sa propre transformation suivait un chemin similaire. "Cheikh," dit-il, "je pense que je commence à comprendre. La Tariqa Tijjaniya n'est pas seulement une voie spirituelle, mais un mode de vie, une manière de voir le monde et de se voir soi-même."

Le Cheikh hocha la tête. "Oui, Baye. C'est une lumière qui guide ceux qui sont prêts à voir, une stabilité dans un monde en crise."

Le Partage de la Lumière

Fort de cette nouvelle compréhension, Baye décida de partager ce qu'il apprenait avec les autres jeunes de la ville. Il commença à organiser de petites séances de discussion et de prière, invitant ses amis, même ceux qui n'étaient pas particulièrement intéressés par la religion, à venir écouter et apprendre.

Un soir, après une prière collective, Fatoumata, une amie d'enfance de Baye, s'approcha de lui. "Baye," dit-elle doucement, "je ne suis pas aussi pieuse que toi, mais ce que tu dis résonne en moi. Je me sens souvent perdue, incertaine de ma place dans ce monde. Penses-tu que la Tariqa Tijjaniya peut m'aider aussi ?"

Baye lui sourit chaleureusement. "Fatoumata, la Tariqa Tijjaniya est une voie pour tous ceux qui cherchent la paix et la vérité. Elle n'est pas réservée à quelques élus. Elle est pour ceux qui, comme toi, cherchent à comprendre leur place dans le monde, à trouver une stabilité dans l'amour d'Allah."

Fatoumata hocha la tête, visiblement émue. "Alors, je veux apprendre, Baye. Je veux comprendre."
Baye fut touché par sa sincérité. "Alors rejoins-nous, Fatoumata. Ensemble, nous apprendrons, nous grandirons, et nous trouverons la lumière que nous cherchons tous."

Un Monde en Crise, Une Voie de Paix

À mesure que les jours passaient, de plus en plus de jeunes se joignirent à Baye dans ses études et ses méditations. Ils cherchaient tous quelque chose que le monde extérieur ne pouvait pas leur offrir : la paix intérieure, la stabilité, un sens de leur existence. Ils trouvaient dans la Tariqa Tijjaniya une voie qui leur parlait, une voie qui les aidait à naviguer dans un monde de plus en plus incertain.

Baye se rendit compte que son propre éveil spirituel avait des répercussions bien au-delà de lui-même. Il voyait les changements dans ses amis, dans sa communauté. Il voyait comment la lumière de la Tariqa Tijjaniya commençait à illuminer les vies de ceux qui l'entouraient.

Un jour, alors qu'il méditait avec Cheikh Barham, il se tourna vers lui et dit : "Cheikh, je commence à voir l'impact de la Tariqa Tijjaniya sur nous tous. Mais pourquoi cette voie est-elle si puissante, surtout en ces temps de crise ?"

Le Cheikh sourit, satisfait des progrès de Baye. "Parce que, Baye, la Tariqa Tijjaniya offre ce que le monde ne peut pas : une paix qui dépasse toute compréhension. Comme le dit le Coran : 'Ceux qui ont cru et dont les cœurs se tranquillisent à l'évocation d'Allah. N'est-ce point par l'évocation d'Allah que se tranquillisent les cœurs ?' (13:28). En unissant nos cœurs à Allah, nous trouvons une paix que rien dans ce monde ne peut nous enlever."

Baye comprit que cette voie, cette lumière, était plus qu'une simple pratique spirituelle. C'était un refuge, une ancre dans un monde en crise, une réponse à la quête incessante de l'humanité pour la paix et la vérité. Et il se sentit plus déterminé que jamais à partager cette lumière, à être un guide pour ceux qui cherchaient, tout comme lui, une paix durable dans l'amour d'Allah.
Avec chaque prière, chaque méditation, chaque acte de service, Baye Niass approfondissait sa compréhension de la Tariqa Tijjaniya et son engagement envers cette voie de lumière. Il savait que son chemin serait long, rempli de défis, mais aussi d'opportunités pour grandir spirituellement. Et il était prêt, prêt à être une lumière dans l'obscurité, à guider les jeunes de sa communauté vers la paix et la stabilité qu'il avait trouvées dans cette voie soufie.

Ainsi, chaque jour, Baye continuait son voyage, fortifié par la sagesse du Cheikh, inspiré par les enseignements du Coran, et illuminé par la lumière de la Tariqa Tijjaniya, déterminé à être une force de paix et de stabilité dans un monde de plus en plus incertain.

Chapitre 8 : La Révélation de la Fayda Tijjaniya

Les jours succédaient aux nuits, mais pour Baye Niass, chaque nouvelle journée apportait une révélation plus profonde, une compréhension plus claire de son chemin spirituel. Sous la guidance constante de Cheikh Mohamed Barham, il avait parcouru un long chemin, trouvant en la Tariqa Tijjaniya une source de lumière et de paix intérieure. Mais il sentait encore qu'il y avait quelque chose de plus grand, quelque chose de plus profond qu'il n'avait pas encore compris. Une nuit, alors que le ciel était parsemé d'étoiles, le Cheikh lui annonça qu'il était temps pour lui de découvrir un autre aspect fondamental de la Tariqa : la Fayda Tijjaniya.

La Conversation Sous les Étoiles

Après la prière d'Isha, le Cheikh invita Baye à marcher avec lui jusqu'au bord du fleuve. La lune se reflétait sur l'eau calme, créant une ambiance presque mystique. Ils marchèrent en silence pendant un moment, le bruit de leurs pas sur le sable mouillé se mêlant au chant des grillons nocturnes.

"Baye," commença le Cheikh d'une voix douce mais grave, "il y a quelque chose que tu dois maintenant comprendre. Quelque chose qui dépasse les enseignements que tu as reçus jusqu'à présent. Tu es prêt à entendre parler de la Fayda Tijjaniya ?"

Baye regarda le Cheikh avec curiosité. "La Fayda Tijjaniya, Cheikh ? J'ai entendu ce nom, mais je ne sais pas vraiment ce que cela signifie. Qu'est-ce que c'est exactement ?"

Le Cheikh sourit, les yeux fixés sur le fleuve. "La Fayda Tijjaniya est une illumination spirituelle, une ouverture divine qui a été prophétisée par Cheikh Ahmad al-Tijani. Elle représente une inondation de miséricorde et de guidance d'Allah, qui vient renforcer la foi des croyants et les guider vers une dévotion totale. Cette Fayda est une promesse de lumière pour ceux qui cherchent Allah avec sincérité et amour."

Baye écoutait avec une attention fervente, son cœur battant plus fort à chaque mot. "Mais comment cette Fayda se manifeste-t-elle, Cheikh ? Et comment peut-elle transformer la vie d'un croyant ?"

L'Histoire de la Révélation de la Fayda

Cheikh Barham se tourna vers Baye, son regard empli de sagesse. "Il y a une histoire qui illustre bien la nature de la Fayda," dit-il doucement. "C'est l'histoire de Cheikh Ibrahim Niass, un grand soufi de la Tariqa Tijjaniya, qui a vécu au Sénégal au XXe siècle. On dit que Cheikh Ibrahim a reçu la Fayda directement d'Allah, une lumière intérieure si puissante qu'elle a transformé sa vie et celle de tous ceux qui le suivaient."

Baye connaissait bien l'histoire de Cheikh Ibrahim Niass, mais il n'avait jamais entendu parler de cette expérience de la Fayda. "Que s'est-il passé, Cheikh ?" demanda-t-il, captivé.

"Cheikh Ibrahim, dès son plus jeune âge, avait une soif insatiable de connaissance spirituelle," commença le Cheikh. "Il méditait et priait intensément, cherchant constamment à se rapprocher d'Allah. Un jour, alors qu'il était plongé dans une méditation profonde, il eut une vision. Dans cette vision, il vit une lumière d'une intensité qu'il n'avait jamais connue, une lumière qui semblait venir directement d'Allah."

"Dans cette lumière, il entendit une voix, douce mais puissante, qui lui dit : 'Je suis la Fayda. Celui qui me cherche avec sincérité me trouvera, et celui qui me trouve trouvera la paix éternelle.' Cette vision fut si puissante qu'elle changea sa vie pour toujours. À partir de ce jour, Cheikh Ibrahim se consacra entièrement à la diffusion de la Tariqa Tijjaniya et à l'enseignement de la Fayda."

Baye se sentit inspiré et ému par cette histoire. "Et comment cette Fayda a-t-elle transformé sa vie, Cheikh ?" demanda-t-il.

"Elle a transformé sa vie en illuminant chaque aspect de son être," répondit le Cheikh. "Il comprit que la véritable dévotion à Allah ne consiste pas seulement à suivre des rituels, mais à vivre chaque instant comme un acte d'adoration, à voir Allah dans tout ce que l'on fait, dans tout ce que l'on est. La Fayda lui a permis de ressentir la présence constante d'Allah, de voir Sa lumière dans chaque visage, chaque situation, chaque moment."

L'Invitation à la Fayda

Le Cheikh regarda Baye avec intensité. "Baye, tu as parcouru un long chemin sur ta voie spirituelle. Tu as montré une dévotion sincère, une soif de vérité qui est rare. Je crois que tu es prêt à recevoir la Fayda, à ouvrir ton cœur à cette lumière divine."

Baye sentit une vague d'émotion monter en lui. "Cheikh, je suis prêt," répondit-il avec détermination. "Je veux connaître cette lumière, je veux ressentir cette présence d'Allah à chaque instant."

Le Cheikh sourit et posa une main réconfortante sur l'épaule de Baye. "Alors, prépare-toi, mon fils. La Fayda ne vient pas à ceux qui sont impatients ou distraits. Elle vient à ceux qui sont prêts à se soumettre entièrement à Allah, à ceux qui sont prêts à abandonner tout attachement à ce monde pour embrasser l'amour divin."

La Transformation Spirituelle de Baye

Les jours qui suivirent furent marqués par une intensité nouvelle dans les pratiques spirituelles de Baye. Il se consacra à des séances de méditation plus longues et plus profondes, cherchant à purifier son cœur et son esprit, à se détacher de tout ce qui pourrait l'éloigner d'Allah. Il passait des nuits entières à prier sur le Prophète (s.a.w.) par la salatoul Fatiha, cherchant à sentir cette lumière intérieure.

Un matin, après une longue nuit de prière, Baye se sentit étrangement calme, comme s'il flottait dans une mer de sérénité. Il se rendit chez le Cheikh, le cœur rempli d'une nouvelle certitude.

"Cheikh," dit-il doucement, "je sens quelque chose en moi, quelque chose que je ne peux pas expliquer. Comme une lumière douce, une présence qui m'enveloppe. Est-ce la Fayda ?"

Le Cheikh sourit, ses yeux brillants d'une lumière intérieure. "Oui, Baye, c'est la Fayda. C'est une lumière qui ne peut être vue avec les yeux, mais seulement ressentie avec le cœur. Cette lumière te guidera désormais, te montrera comment vivre chaque instant comme un acte d'adoration."

L'Impact de la Fayda sur la Vie de Baye

Avec la Fayda en lui, Baye ressentit une transformation profonde. Ses anciennes inquiétudes, ses désirs terrestres, ses doutes se dissipèrent comme des nuages après une tempête. Il se sentit empli d'une paix intérieure qu'il n'avait jamais connue auparavant, une paix qui dépassait toute compréhension humaine.

Il commença à voir le monde sous un nouvel angle. Chaque arbre, chaque rivière, chaque visage semblait rayonner de la lumière d'Allah. Il comprit que la Fayda n'était pas seulement une illumination intérieure, mais une manière de voir le monde, une manière de vivre. Chaque acte, aussi petit soit-il, pouvait être un acte d'amour et de dévotion à Allah.

Un jour, alors qu'il méditait sous le manguier, Fatoumata vint le voir, ses yeux brillants de curiosité. "Baye," dit-elle doucement, "il y a quelque chose de différent en toi. Tu sembles... si calme, si en paix. Qu'est-ce qui a changé ?"
Baye sourit, sentant la chaleur de la Fayda en lui. "Fatoumata, j'ai découvert quelque chose de précieux," répondit-il. "Une lumière, une paix qui vient de l'intérieur. C'est la Fayda Tijjaniya. Elle m'a appris à voir Allah dans tout, à vivre chaque instant comme un acte d'amour."

Fatoumata hocha la tête, visiblement émue. "Je veux connaître cette paix, Baye. Je veux apprendre."

"Alors, rejoins-nous," répondit Baye avec douceur. "La Fayda n'est pas réservée à quelques élus. Elle est pour tous ceux qui cherchent Allah avec sincérité."

L'Enseignement de la Fayda à la Communauté

Fort de cette nouvelle lumière, Baye décida de partager la Fayda avec sa communauté. Il organisa des cercles d'étude, des séances de méditation et de prière, invitant tous ceux qui étaient prêts à découvrir cette lumière divine. Les jeunes, attirés par sa paix intérieure et sa sagesse nouvelle, affluaient pour entendre ses enseignements.

Un soir, après une séance de prière collective, Oumar, son ami d'enfance, s'approcha de lui, les yeux remplis d'une admiration sincère. "Baye," dit-il, "je t'ai vu changer, grandir. J'ai vu la paix que tu as trouvée. Penses-tu que je pourrais aussi recevoir la Fayda ?"

Baye posa une main amicale sur l'épaule d'Oumar. "La Fayda est une lumière qui est accessible à tous ceux qui la cherchent avec sincérité, Oumar. Abandonne tes peurs, ouvre ton cœur à Allah, et tu trouveras ce que tu cherches."

Oumar, touché par ces mots, hocha la tête avec détermination. "Je suis prêt, Baye. Je veux connaître cette paix, cette lumière."

Une Nouvelle Approche de la Vie
Avec la Fayda, Baye commença à voir chaque aspect de sa vie comme une opportunité de se rapprocher d'Allah. Il comprit que même les tâches les plus simples, les plus banales, pouvaient être des actes de dévotion. Il se rappela des paroles du Prophète (s.a.w.) : "La meilleure des actions est celle qui est faite avec la conscience d'Allah."

Il commença à pratiquer la gratitude en tout, remerciant Allah pour chaque souffle, chaque moment de paix, chaque difficulté surmontée. Il comprit que la gratitude était une forme de Zikr, un rappel constant de la présence d'Allah dans sa vie. Il se rappelait souvent des paroles du Coran : "Et si vous êtes reconnaissants, certes, Je vous accorderai davantage" (14:7).

Chaque matin, Baye se levait avec une nouvelle énergie, une nouvelle passion pour la vie. Il sentait la lumière de la Fayda le guider, l'inspirer, l'illuminer. Il savait que sa mission maintenant était de partager cette lumière avec le monde, d'aider les autres à trouver la paix et la stabilité qu'il avait trouvé dans la Tariqa Tijjaniya.

La Dévotion Totale à Allah

Avec le temps, Baye se sentit de plus en plus en harmonie avec lui-même et avec le monde qui l'entourait. Il comprit que la dévotion totale à Allah ne consistait pas seulement à prier et à méditer, mais à vivre chaque jour, chaque instant, en tant que serviteur d'Allah, en tant que reflet de Sa lumière et de Son amour.

Il se rappela des paroles du Cheikh : "La Fayda n'est pas une fin, Baye. C'est un début. C'est une invitation à vivre chaque jour comme une prière, chaque action comme un acte d'adoration. C'est une lumière qui éclaire non seulement ton chemin, mais celui de tous ceux qui croisent ta route."

Baye comprit alors que son voyage spirituel ne faisait que commencer. Avec la Fayda en lui, il se sentait prêt à affronter tous les défis, à surmonter toutes les épreuves, à guider tous ceux qui cherchaient la vérité. Il savait que tant qu'il restait fidèle à Allah, tant qu'il vivait chaque jour dans la lumière de la Fayda, il trouverait toujours la paix, même dans les moments les plus sombres.

Ainsi, Baye Niass continua de marcher sur le chemin de la foi, fortifié par la lumière de la Fayda Tijjaniya, inspiré par la sagesse du Cheikh, et guidé par les enseignements éternels du Coran. Il savait que sa mission maintenant était de partager cette lumière avec le monde, d'être un phare de paix et de stabilité dans un monde de plus en plus incertain.

Chapitre 9 : La Dévotion et l'Ascèse

Les jours passaient et les nuits s'étiraient dans une douce quiétude, tandis que Baye Niass plongeait de plus en plus profondément dans sa quête spirituelle. La lumière de la Fayda Tijjaniya continuait de l'éclairer, mais il sentait que son voyage spirituel nécessitait un engagement encore plus profond. Inspiré par les enseignements de Cheikh Mohamed Barham et les récits des anciens maîtres soufis, Baye décida d'adopter un mode de vie ascétique, croyant que la simplicité et le renoncement au monde matériel le rapprocheraient davantage de Dieu.

L'Appel de l'Ascèse

Un matin, après une longue nuit de prière et de méditation, Baye se rendit chez le Cheikh avec une nouvelle résolution dans le cœur. La lumière du soleil se frayait un chemin à travers les branches du manguier sous lequel ils se retrouvaient souvent pour discuter et méditer. Le Cheikh était déjà là, plongé dans ses prières.

"Assalamu Alaikum, Cheikh," salua Baye en s'approchant.

"Wa Alaikum Assalam, Baye," répondit le Cheikh, levant les yeux avec un sourire. "Tu sembles avoir quelque chose de lourd sur le cœur ce matin."

Baye hocha la tête. "Cheikh, je sens que je dois aller plus loin dans ma quête. La lumière de la Fayda m'a montré le chemin, mais je sens qu'il y a encore des voiles à lever, des attaches à défaire."

Le Cheikh regarda Baye avec une profonde compréhension. "Je vois, mon fils. Tu veux dire que tu veux embrasser la voie de l'ascèse ?"

"Oui, Cheikh," répondit Baye avec conviction. "Je veux renoncer aux distractions du monde, vivre simplement, me concentrer uniquement sur Allah et le service de Sa cause."

Le Cheikh sourit doucement. "L'ascèse est une voie noble, Baye, mais elle est aussi remplie de défis. Le Prophète Muhammad (s.a.w.) a dit : 'Celui qui montre de l'humilité pour l'amour d'Allah, Allah l'élèvera.' Mais souviens-toi, l'ascèse n'est pas simplement un renoncement aux biens matériels, c'est un renoncement de l'ego, une purification du cœur."

Baye acquiesça, déterminé. "Je suis prêt, Cheikh. Je veux purifier mon cœur, renoncer à tout ce qui me détourne d'Allah."

La Vie Simple de l'Ascète

Baye commença à simplifier sa vie. Il réduisit ses possessions à l'essentiel : quelques vêtements, un tapis de prière, une copie du Coran, et un chapelet pour le Zikr. Il choisit de vivre dans une petite chambre attenante à la mosquée, près de la maison du Cheikh, où il pouvait consacrer ses journées à la prière, à la méditation, et à l'étude des textes sacrés. Il mangeait peu, ne consommant que ce qui était nécessaire pour maintenir son corps en état de prière.

Un jour, Fatoumata, qui était devenue une participante régulière des cercles d'étude de Baye, vint lui rendre visite. Elle le trouva en train de balayer la petite cour de la mosquée, ses vêtements simples reflétant sa nouvelle vie d'ascète.

"Baye," dit-elle doucement, s'approchant de lui, "tu sembles avoir changé encore plus ces derniers jours. Qu'est-ce qui t'a poussé à choisir cette voie d'ascèse ?"

Baye s'arrêta, posa son balai, et regarda Fatoumata avec un sourire calme. "Fatoumata, j'ai ressenti un appel profond à me détacher du monde matériel, à vivre une vie plus simple, plus centrée sur Allah. Le Coran dit : 'Et je n'ai créé les djinns et les hommes que pour qu'ils M'adorent' (51:56). J'ai compris que ma mission est de servir Allah en tout temps, sans distraction."

Fatoumata hocha la tête, admirative. "Je vois. Tu es vraiment dévoué, Baye. Cela doit être difficile de renoncer à tant de choses."

Baye sourit doucement. "Oui, il y a des moments difficiles, mais je ressens aussi une paix que je n'avais jamais connue. En renonçant aux choses du monde, j'ai trouvé quelque chose de bien plus précieux : une connexion plus profonde avec Allah."

Les Épreuves de l'Ascèse

Cependant, la vie d'ascèse n'était pas sans défis. Baye se heurta rapidement à ses propres limites, à ses faiblesses humaines. Les premières semaines furent les plus difficiles. Il ressentit la faim, le froid des nuits, et parfois même une solitude dévorante. Les souvenirs des conforts passés et des plaisirs du monde revenaient souvent, comme des ombres qui tentaient de le détourner de sa voie.

Une nuit, alors qu'il s'apprêtait à réciter le Tahajjud, la prière nocturne, Baye sentit une vague de découragement l'envahir. Ses jambes étaient fatiguées, ses yeux brûlaient de manque de sommeil, et un doute insidieux s'immisça dans son esprit. Était-il vraiment sur la bonne voie ? Était-ce ce qu'Allah attendait de lui ?

Alors qu'il s'agenouillait, le Cheikh entra silencieusement dans la petite chambre. Voyant l'expression tourmentée de Baye, il s'assit à côté de lui. "Baye," dit-il doucement, "je sens que tu te débats avec quelque chose."
Baye leva les yeux, sentant les larmes monter. "Cheikh, je me demande parfois si je suis assez fort pour cette voie. Les désirs du monde sont si puissants, et je me sens tellement faible face à eux."

Le Cheikh posa une main rassurante sur l'épaule de Baye. "Mon fils, le chemin de l'ascèse est semé d'épreuves. Allah teste ceux qu'Il aime pour renforcer leur foi. Souviens-toi des paroles du Coran : 'Nous allons certes vous éprouver par un peu de peur, de faim, et de diminution de biens, de personnes et de fruits. Et annonce la bonne nouvelle aux endurants' (2:155). Chaque difficulté que tu surmontes te rapproche un peu plus de Lui."
Ces paroles réconfortèrent Baye. Il réalisa que ses épreuves n'étaient pas des obstacles, mais des opportunités de se purifier davantage, de montrer sa dévotion et sa constance à Allah.

Le Service à la Communauté

Baye commença à comprendre que la vie d'ascèse ne signifiait pas seulement renoncer aux plaisirs du monde, mais aussi se consacrer au service des autres. Il se rappela les paroles du Prophète Muhammad (s.a.w.) : "Le meilleur des hommes est celui qui est le plus utile aux autres."

Avec cette nouvelle compréhension, il décida de s'investir davantage dans sa communauté. Il commença à enseigner aux enfants de la mosquée les bases de l'Islam, partageant avec eux la lumière qu'il avait trouvée. Il aidait aussi les plus âgés et les plus faibles, transportant des seaux d'eau, réparant des toits, et offrant un soutien spirituel à ceux qui en avaient besoin.

Un jour, alors qu'il aidait une vieille femme à porter des provisions, elle lui dit : "Baye, tu es un jeune homme si bon. Pourquoi choisis-tu de vivre une vie si austère alors que tu pourrais profiter des plaisirs de la jeunesse ?"
Baye sourit doucement, sentant la paix de la Fayda remplir son cœur. "Parce que, maman, j'ai trouvé une paix plus profonde que tous les plaisirs du monde. En servant Allah et en aidant les autres, je ressens une joie que rien d'autre ne peut me donner."

La vieille femme hocha la tête, impressionnée. "Que Dieu te bénisse, mon fils," dit-elle doucement.

Les Fruits de la Dévotion

Avec le temps, Baye commença à récolter les fruits de sa dévotion et de son ascèse. Il ressentait une paix intérieure plus profonde, une connexion plus intime avec Allah. Ses prières devenaient plus intenses, plus sincères, chaque mot devenant un acte d'amour pur. Il se rendit compte que la véritable ascèse ne consistait pas simplement à se priver, mais à transformer chaque aspect de sa vie en un acte de dévotion.

Il se souvint d'une histoire que Cheikh Barham lui avait racontée, celle de Rabi'a al-Adawiyya, une sainte soufie du VIIIe siècle qui avait vécu une vie de dévotion totale à Allah. "Elle disait souvent," se rappela Baye, "'Ô Allah, si je T'adore par peur de l'enfer, brûle-moi en enfer. Et si je T'adore par espoir du paradis, exclue-moi du paradis. Mais si je T'adore pour Toi seul, ne me refuse pas Ta beauté éternelle.'"
Ces paroles résonnèrent profondément en Baye. Il comprit que la véritable dévotion ne cherchait rien en retour, pas même la récompense divine. Elle était un acte d'amour pur, un désir de se rapprocher d'Allah pour le simple plaisir de Le connaître.

Un Acte de Dévotion Ultime

Un jour, après une longue journée de service et de prière, Baye sentit une impulsion intérieure de faire quelque chose de spécial. Il se leva au milieu de la nuit, se rendit à la mosquée, et commença à nettoyer le sol, récitant doucement des versets de la salatoul Fatiha. Il sentit une présence réconfortante, comme si Allah lui-même l'accompagnait dans ce simple acte de service.

Alors qu'il nettoyait, il se rappela des paroles du Prophète (s.a.w.) : "Chaque acte de bonté est une aumône." Baye réalisa que même dans les actions les plus simples, il pouvait trouver une connexion avec Allah, une opportunité de montrer son amour et sa dévotion.

Au lever du soleil, Cheikh Barham entra dans la mosquée et vit Baye, agenouillé, les mains jointes en prière. "Baye," dit-il doucement, "tu es ici depuis toute la nuit ?"

Baye sourit, ses yeux brillants de paix intérieure. "Oui, Cheikh. Je voulais offrir un acte de dévotion supplémentaire à Allah."

Le Cheikh sourit avec bienveillance. "Tu es vraiment sur la bonne voie, Baye. Continue de te consacrer à Allah, et tu trouveras la lumière que tu cherches."

Un Engagement Renouvelé

Les jours se transformèrent en semaines, et Baye continua de vivre sa vie d'ascèse avec une dévotion renouvelée. Il sentit ses anciennes préoccupations et ses désirs terrestres s'évanouir, remplacés par une joie simple mais profonde de servir Allah en tout temps.

Il comprit que la dévotion et l'ascèse n'étaient pas des fins en soi, mais des moyens de se rapprocher d'Allah, de purifier son cœur, de servir sa communauté. Il savait que son chemin ne serait pas toujours facile, mais il était prêt à affronter chaque épreuve, chaque défi, avec foi et détermination.

Et ainsi, Baye Niass continua de marcher sur le chemin de la foi, fortifié par la lumière de la Fayda Tijjaniya, inspiré par les enseignements du Cheikh, et guidé par les paroles éternelles du Coran. Il savait que tant qu'il restait fidèle à Allah, tant qu'il vivait chaque jour dans la dévotion et l'ascèse, il trouverait toujours la paix, même dans les moments les plus sombres.

Chapitre 10 : L'Influence Positive

Le soleil se couchait lentement dans la ville, peignant le ciel d'une teinte dorée alors que Baye Niass se tenait devant la petite mosquée de la ville, observant le va-et-vient des gens. Sa vie d'ascèse et de dévotion avait commencé à porter ses fruits non seulement en lui-même mais aussi parmi ses amis et sa communauté. Inspiré par la lumière de la Fayda Tijjaniya et guidé par les enseignements de Cheikh Mohamed Barham, Baye ressentait maintenant une profonde responsabilité : partager cette lumière et cette paix intérieure avec ceux qui l'entouraient.

Baye avait observé les luttes de ses amis, Fatoumata et Oumar, qui, bien qu'ayant montré de l'intérêt pour la spiritualité, semblaient encore prisonniers des tourments du monde matériel. Il savait que chacun d'eux cherchait quelque chose de plus profond, quelque chose que le monde extérieur ne pouvait leur offrir. Il se demandait comment il pourrait les aider à découvrir ce qu'il avait trouvé, à voir la lumière qu'il voyait.

La Rencontre avec Fatoumata

Un soir, après la prière du Maghreb, Baye rencontra Fatoumata à la sortie de la mosquée. Elle semblait pensive, ses yeux suivant distraitement les enfants qui jouaient dans la cour. Baye s'approcha doucement d'elle. "Assalamu Alaikum, Fatoumata," dit-il doucement.

"Wa Alaikum Assalam, Baye," répondit-elle, se tournant vers lui avec un sourire, bien que ses yeux trahissent une certaine tristesse.

"Tu sembles préoccupée," observa Baye. "Y a-t-il quelque chose que tu voudrais partager ?"

Fatoumata soupira profondément. "Baye, je ne sais pas comment l'expliquer, mais je me sens... perdue. Je vois ta paix, ta dévotion, et je me demande si je pourrai jamais trouver la même chose. La vie semble si pleine de distractions et de tentations. Comment as-tu réussi à tout laisser derrière toi pour te concentrer sur Allah ?"

Baye sourit, reconnaissant le dilemme intérieur de Fatoumata. "Fatoumata, ce que tu ressens est une étape normale sur le chemin spirituel. Le Coran dit : 'Et ceux qui luttent pour Notre cause, Nous les guiderons certes sur Nos sentiers. Allah est en vérité avec les bienfaisants' (29:69). La lutte contre soi-même, contre les désirs du monde, est la première étape vers la vraie paix."

Fatoumata hocha la tête, ses yeux cherchant une direction. "Mais comment puis-je commencer, Baye ? Parfois, la pression sociale, les attentes de la famille, tout semble si accablant."

Baye posa une main réconfortante sur son épaule. "Commence petit, Fatoumata. La prière, la méditation, et le Zikr. Même quelques minutes par jour peuvent faire une différence. Et surtout, rappelle-toi que tu n'es jamais seule. Allah est toujours là, prêt à te guider, à condition que tu cherches Sa lumière."

Fatoumata sentit une chaleur se répandre dans son cœur à ses paroles. "Merci, Baye. Je vais essayer. Je veux vraiment trouver cette paix que tu as trouvée."

Le Retour d'Oumar

Oumar, d'autre part, était un cas différent. Depuis sa dernière rencontre avec Baye après son arrestation, il avait montré des signes de changement, mais les tentations du monde semblaient encore le retenir. Baye savait qu'il devait aborder Oumar avec patience et compréhension.

Un après-midi, Baye trouva Oumar assis seul sous un grand acacia, regardant fixement l'horizon. "Oumar," appela-t-il doucement en s'approchant.
Oumar leva les yeux, semblant surpris mais heureux de voir son ami. "Baye ! Cela fait un moment. Comment vas-tu, mon frère ?"

"Je vais bien, alhamdoulillah," répondit Baye avec un sourire. "Et toi, Oumar ? Comment vas-tu ?"

Oumar soupira. "Je me bats toujours, Baye. Je sais que je dois changer, mais c'est comme si quelque chose en moi me retenait. C'est difficile de s'éloigner de ses anciennes habitudes, tu sais."

Baye hocha la tête, comprenant la lutte intérieure d'Oumar. "Je comprends, Oumar. Ce n'est jamais facile de changer. Mais souviens-toi, Allah dit : 'En vérité,

Allah ne modifie point l'état d'un peuple, tant que les individus qui le composent ne modifient pas ce qui est en eux-mêmes' (13:11). Le changement commence de l'intérieur, par une décision sincère de se rapprocher de Lui."

Oumar resta silencieux pendant un moment, réfléchissant aux paroles de Baye. "Je veux changer, Baye, je veux vraiment. Mais je ne sais pas par où commencer."

Baye posa une main amicale sur l'épaule d'Oumar. "Commence par la prière, Oumar. C'est le lien le plus direct avec Allah. Ensuite, essaie de te joindre à nous pour nos cercles de discussion et de Zikr. Ensemble, nous pouvons te soutenir et t'aider à trouver ton chemin."

Oumar acquiesça lentement. "Je vais essayer, Baye. Pour toi, et pour moi-même."

L'Influence Grandissante de Baye

Avec le temps, la présence apaisante de Baye et son exemple de vie dévouée commencèrent à influencer de plus en plus ses amis et sa communauté. Fatoumata commença à assister régulièrement aux cercles de Zikr et aux sessions de prière. Elle trouva réconfort et soutien dans ces moments de dévotion collective, se sentant de plus en plus en paix avec elle-même et avec le monde.

Un soir, après une session de Zikr particulièrement émotive, elle se tourna vers Baye, les larmes aux yeux. "Baye, je sens quelque chose changer en moi. Comme si une partie de moi s'éveillait, une partie que je ne connaissais pas."

Baye sourit chaleureusement. "C'est la lumière d'Allah, Fatoumata. Lorsqu'on se tourne vers Lui avec sincérité, Il éclaire notre cœur et notre esprit. Continue sur ce chemin, et tu trouveras une paix encore plus profonde."

Oumar, de son côté, commença lentement à s'éloigner de ses anciennes fréquentations et à passer plus de temps à la mosquée avec Baye et les autres jeunes. Il trouvait réconfort dans les prières, et la voix apaisante de Baye le guidait dans ses moments de doute. Un jour, après une séance de prière, il confia à Baye : "Je commence à comprendre ce que tu voulais dire, Baye. Je sens une paix que je n'avais jamais connue auparavant."

Baye hocha la tête. "C'est le début, Oumar. La paix d'Allah est comme un fleuve qui coule doucement dans notre cœur. Si tu continues de chercher Sa lumière, cette paix grandira encore plus."

Une Transformation Communautaire

L'influence de Baye commença à se faire sentir au-delà de ses amis proches. De plus en plus de jeunes du village, curieux de voir le changement en Oumar et Fatoumata, commencèrent à se joindre aux cercles de discussion de Baye. Ils venaient, au début, par curiosité, mais restaient pour la paix et la sagesse qu'ils y trouvaient.

Un jour, alors qu'ils étaient rassemblés sous le manguier pour une session de discussion, un jeune homme de la ville, Moussa, prit la parole. "Baye," dit-il, "je ne suis pas très religieux, mais j'ai vu le changement chez Oumar et Fatoumata, et je veux comprendre ce qui se passe ici. Que fais-tu exactement pour les aider à trouver cette paix ?"

Baye sourit, reconnaissant l'honnêteté de Moussa. "Moussa, ce que nous faisons ici est simple. Nous cherchons à nous rapprocher d'Allah par la prière, la méditation, et le Zikr. Nous apprenons à nous connaître nous-mêmes, à reconnaître nos faiblesses, et à chercher la force en Allah. Le Coran dit : 'Ceux qui ont cru et dont les cœurs se tranquillisent à l'évocation d'Allah. N'est-ce point par l'évocation d'Allah que se tranquillisent les cœurs ?' (13:28). C'est cela que nous cherchons : la tranquillité des cœurs."

Moussa hocha la tête, pensif. "Peut-être que je devrais essayer aussi. Je me sens souvent perdu, sans direction."

"Tu es le bienvenu ici, Moussa," répondit Baye avec chaleur. "Nous sommes tous en quête de quelque chose. Ensemble, nous pouvons trouver notre chemin."

L'Encouragement du Cheikh

Voyant l'impact grandissant de Baye sur sa communauté, Cheikh Mohamed Barham décida d'organiser une rencontre spéciale pour discuter de l'importance de la spiritualité et de l'éducation islamique pour les jeunes. Il invita les parents, les anciens, et les jeunes de la ville à se rassembler à la mosquée.

Lors de cette rencontre, le Cheikh prit la parole. "Mes chers frères et sœurs, nous vivons dans un monde plein de distractions et de tentations. Nos jeunes, en particulier, sont exposés à de nombreux défis. Mais il est de notre devoir de les guider, de leur montrer le chemin de la lumière. Baye Niass a montré un exemple de ce que signifie vivre une vie de dévotion et de service. Il est temps que nous, en tant que communauté, soutenions nos jeunes dans leur quête spirituelle."

Les paroles du Cheikh résonnèrent profondément parmi l'assemblée. Les parents commencèrent à encourager leurs enfants à assister aux sessions de prière et de discussion de Baye, voyant le changement positif en Oumar, Fatoumata, et d'autres jeunes.

La Nouvelle Génération de Fidèles

Avec le soutien de Cheikh Mohamed Barham et l'influence croissante de Baye, une nouvelle génération de jeunes dévoués commença à émerger à Diourbel. Ils n'étaient pas parfaits, et chacun avait ses propres luttes, mais ils partageaient tous un désir commun de trouver la paix intérieure et de servir Allah.
Un soir, après une prière du Maghreb particulièrement intense, Baye se retrouva entouré de jeunes, tous désireux d'apprendre, de comprendre, de grandir. Fatoumata prit la parole au nom du groupe. "Baye," dit-elle, "nous voulons tous te remercier pour ce que tu fais. Tu nous montres que même dans un monde aussi complexe, il est possible de trouver la paix et la lumière."

Baye, humble et ému, répondit doucement : "Je ne suis qu'un serviteur d'Allah, tout comme vous. La paix que nous cherchons est accessible à tous ceux qui la cherchent avec sincérité. Continuons ensemble sur ce chemin, soutenons-nous les uns les autres, et Allah nous guidera, incha'Allah."
Les jeunes répondirent par des "Ameen" enthousiastes, ressentant une nouvelle énergie, une nouvelle motivation pour poursuivre leur quête spirituelle.

L'Histoire de la Transformation de la Communauté

Pour illustrer l'impact de la dévotion collective, Baye raconta l'histoire de la ville de Konya en Turquie, autrefois un centre de spiritualité soufie sous l'influence de Jalaluddin Rumi. "À Konya," expliqua Baye, "les gens venaient de partout pour apprendre de Rumi et de ses disciples. La ville devint un centre de paix et de spiritualité, non pas parce qu'elle était riche ou puissante, mais parce que ses habitants avaient trouvé la paix intérieure. Ils vivaient chaque jour comme un acte d'adoration, cherchant à se rapprocher d'Allah."
Les jeunes écoutèrent avec admiration, inspirés par l'idée que leur propre ville pourrait devenir un centre de lumière et de paix. Ils comprirent que, tout comme les disciples de Rumi, ils pouvaient trouver une nouvelle direction, une nouvelle vie dans la dévotion et le service.

Vers une Vie Meilleure

Avec cette nouvelle compréhension, Baye et ses amis continuèrent de grandir ensemble, de se soutenir mutuellement, de chercher des moyens de servir leur communauté tout en restant dévoués à Allah. Ils organisèrent des événements communautaires, des sessions de nettoyage de la mosquée, des repas pour les moins fortunés, et des cercles de prière nocturne. À chaque pas, ils sentaient la lumière de la Fayda les guider, les fortifier.
Baye savait que le chemin serait encore long et parsemé de défis, mais il était encouragé par la transformation qu'il voyait autour de lui. Il savait que tant qu'ils restaient unis dans leur quête de vérité, tant qu'ils cherchaient la lumière d'Allah, ils trouveraient toujours la paix, même dans les moments les plus sombres.

Ainsi, Baye Niass continua de guider ses amis, sa communauté, et lui-même sur le chemin de la foi, déterminé à être une lumière dans un monde de plus en plus complexe, à montrer par l'exemple que la paix intérieure et la dévotion totale à Allah étaient les clés d'une vie meilleure, plus épanouie, et plus significative.

Chapitre 11 : La Reconnaissance de la Communauté

La brise douce du matin soufflait à travers les rues de la ville, transportant avec elle les premiers chants d'oiseaux et le murmure des conversations matinales. Baye Niass, vêtu de son simple boubou blanc, se dirigeait vers la mosquée pour la prière de Fajr. Son pas était calme, mais son esprit était animé d'une énergie spirituelle qui semblait illuminer tout ce qu'il touchait. À mesure qu'il avançait, il remarqua les regards respectueux des voisins. Il sentait quelque chose de différent dans l'air : un respect nouveau, une admiration silencieuse.

Les changements en Baye n'étaient plus seulement intérieurs; ils se reflétaient maintenant dans ses actions, ses paroles, et même dans sa présence. Sa dévotion et son ascèse avaient transformé non seulement son propre cœur, mais aussi ceux de tous ceux qui le croisaient. La lumière de la Fayda Tijjaniya, qu'il portait maintenant en lui, commençait à briller au-delà de ses propres limites, illuminant sa communauté tout entière.

L'Impact de Baye sur la Jeunesse

Un matin, après la prière de Dhuhr, un groupe de jeunes garçons et filles se rassembla autour de Baye à la sortie de la mosquée. Parmi eux se trouvait Moussa, le jeune homme qui avait autrefois été curieux mais sceptique à propos de la voie spirituelle de Baye.
"Baye," commença Moussa avec une voix pleine de respect, "nous avons vu comment tu as changé, comment tu es devenu un guide pour nous tous. Nous voulons apprendre de toi. Nous voulons comprendre comment trouver la paix que tu as trouvée."

Baye les regarda, son cœur rempli de gratitude. "Je suis honoré de voir tant d'entre vous chercher la lumière," répondit-il doucement. "Mais rappelez-vous que je ne suis qu'un serviteur d'Allah, tout comme vous. Ce que j'ai trouvé, vous pouvez tous le trouver aussi. Le Coran dit : 'En vérité, les pieux seront dans des jardins et parmi des sources' (15:45). Le jardin de la paix est ouvert à tous ceux qui cherchent Allah avec sincérité."
Fatoumata, qui s'était rapprochée de Baye au cours des derniers mois, prit la parole. "Baye a raison. J'ai moi-même trouvé une nouvelle tranquillité depuis que j'ai commencé à suivre cette voie. Ce n'est pas facile, mais chaque pas vers Allah est une bénédiction."

Les jeunes hochèrent la tête, inspirés. Ils voyaient en Baye non seulement un guide spirituel, mais aussi un ami, un frère qui les comprenait et les soutenait. Sous la guidance de Baye, ils commencèrent à organiser des cercles de discussion plus réguliers, des sessions de Zikr, et même des projets communautaires pour aider les plus démunis.

Les Anciens Prennent Note

Les changements en Baye et parmi les jeunes ne passèrent pas inaperçus auprès des anciens du village. Un jour, alors que Baye aidait à nettoyer la cour de la mosquée, l'un des anciens, El Hadj Souleymane, un homme respecté pour sa sagesse et son expérience, s'approcha de lui.

"Baye," dit El Hadj Souleymane, sa voix grave mais douce, "j'ai observé ce que tu fais avec les jeunes, comment tu les guides et les inspires. C'est un travail noble que tu fais, mon fils. Et je dois dire que je suis impressionné."

Baye, surpris par l'approche directe de l'ancien, inclina humblement la tête. "Merci, El Hadj. Je ne fais que suivre le chemin qu'Allah a tracé pour moi."

El Hadj Souleymane sourit. "Oui, et tu le fais bien. Tu sais, Baye, la a besoin de jeunes comme toi, qui sont prêts à montrer le bon chemin. Nous avons besoin de leaders spirituels, de guides. Et je crois que tu es en train de devenir l'un d'eux."

Baye sentit une vague d'humilité l'envahir. "Je ne cherche pas à être un leader, El Hadj. Je veux seulement servir Allah et aider ceux qui cherchent la vérité."

"Et c'est exactement pour cela que tu es un leader," répondit El Hadj Souleymane. "Le Prophète (s.a.w.) a dit : 'Le meilleur des hommes est celui qui est le plus utile aux autres.' Continue sur cette voie, Baye, et tu feras de grandes choses."

Une Communauté Transformée

Avec le temps, la transformation spirituelle de Baye commença à influencer l'ensemble de la communauté. Les jeunes qui étaient autrefois dispersés, sans direction, commencèrent à trouver un sens de but dans leur engagement envers la voie de la Tijjaniya. Ils devinrent plus actifs dans la mosquée, organisant des événements communautaires, aidant les personnes âgées, et s'engageant dans des œuvres de bienfaisance.

Un jour, après une séance de nettoyage de la mosquée, une vieille femme de la ville, Khadija, s'approcha de Baye. "Mon fils," dit-elle en le regardant avec des yeux pleins de larmes, "je veux te remercier. Depuis que tu as commencé à guider nos jeunes, j'ai vu tant de changements positifs. Tu as redonné espoir à nos enfants."

Baye, touché par ses paroles, répondit doucement : "C'est Allah qui guide, maman Khadija. Je ne suis qu'un outil dans Ses mains."

Elle hocha la tête, les larmes coulant doucement sur ses joues ridées. "Oui, mais tu es un bon outil, Baye. Que Dieu te bénisse et te donne encore plus de sagesse."

Les Visions et les Rêves

Alors que l'influence de Baye grandissait, il commença à avoir des rêves et des visions qui le guidaient davantage sur son chemin. Une nuit, il rêva qu'il se tenait sur une montagne haute, entouré de lumière. En bas, il voyait les jeunes de son village, tendant les mains vers lui, cherchant à grimper la montagne avec lui. Il entendit une voix douce mais puissante dire : "Guide-les, Baye. Montre-leur le chemin vers Moi."

À son réveil, Baye ressentit une nouvelle énergie, une nouvelle détermination à continuer son travail. Il comprit que son rôle était plus que d'être un simple enseignant ; il devait être un guide, un mentor, un exemple vivant de ce que signifiait vivre une vie dévouée à Allah.

Le Développement d'un Programme d'Éducation Spirituelle

Avec le soutien de Cheikh Mohamed Barham et l'enthousiasme croissant des jeunes, Baye décida de développer un programme d'éducation spirituelle pour la ville. Ce programme inclurait non seulement des enseignements sur les bases de l'Islam, mais aussi des discussions sur les défis modernes, la gestion des émotions, et la recherche de la paix intérieure à travers la spiritualité.

Lors d'une réunion de village pour discuter de ce nouveau programme, Baye prit la parole devant une foule attentive. "Mes frères et sœurs," commença-t-il, "nous vivons dans un monde plein de défis, mais aussi plein de possibilités. Allah nous a donné les outils pour naviguer ces eaux troubles, et ces outils sont ici, dans notre foi, dans notre communauté. Nous devons apprendre ensemble, grandir ensemble, et soutenir nos jeunes à travers leur propre quête de vérité."

Les gens, impressionnés par la clarté et la sagesse de Baye, l'acclamèrent chaleureusement. Ils voyaient en lui non seulement un jeune homme dévoué, mais aussi un leader spirituel capable de guider leur communauté vers un avenir meilleur.

L'Encouragement des Anciens

El Hadj Souleymane, touché par l'initiative de Baye, décida de le soutenir publiquement. "Baye," dit-il lors de la réunion, "ce que tu fais ici est essentiel. Tu montres à notre jeunesse que la vraie richesse n'est pas dans les biens matériels, mais dans le cœur, dans la connexion avec Allah. Continue de guider ces jeunes, et nous, les anciens, serons à tes côtés."
Ces paroles d'encouragement eurent un effet profond sur Baye. Il réalisa que, bien que sa quête spirituelle soit personnelle, elle avait aussi un impact plus large sur sa communauté. Il comprit que sa mission n'était pas seulement de trouver la paix pour lui-même, mais de la partager avec ceux qui en avaient besoin.

Les Récompenses de la Dévotion

Avec le temps, la reconnaissance de Baye par sa communauté continua de croître. Il devint un pilier de sagesse et de guidance pour tous, des jeunes aux anciens. Ses séances de discussion et de prière devinrent de plus en plus populaires, attirant même des gens des villages environnant.

Un jour, après une prière de Dhuhr, un homme du village voisin s'approcha de Baye. "Je suis venu ici parce que j'ai entendu parler de toi, de ce que tu fais pour les jeunes," dit-il. "Mon fils est perdu, il est tombé dans de mauvaises compagnies. Pourrais-tu lui parler, l'aider à trouver son chemin ?"

Baye, toujours humble, sourit doucement. "Je serai heureux de lui parler. Mais rappelez-vous, c'est Allah qui guide, et nous ne sommes que des instruments de Sa volonté. Priez pour lui, et ayez foi qu'Allah ouvrira son cœur."

Un Nouveau Sens de la Communauté

À mesure que Baye continuait son travail, il remarqua que sa communauté devenait plus unie, plus solidaire. Les tensions entre les familles s'apaisaient, et les conflits qui autrefois divisaient le village semblaient maintenant plus faciles à résoudre grâce à l'esprit de coopération et de foi qu'il inspirait.

Un soir, après une séance de prière collective, Baye se tint devant la communauté réunie et dit : "Mes frères et sœurs, nous avons vu le pouvoir de la foi, de la dévotion, et de la communauté. Continuons de travailler ensemble, de prier ensemble, de chercher ensemble la lumière d'Allah. Car, comme il est dit dans le

Coran : 'Accrochez-vous tous ensemble au câble d'Allah et ne soyez pas divisés' (3:103)."

Les villageois répondirent par un chœur d'"Ameen," ressentant une nouvelle énergie, une nouvelle détermination à poursuivre leur quête spirituelle ensemble.

Vers un Avenir Meilleur

Avec chaque jour qui passait, Baye sentait son influence grandir, non pas comme un fardeau, mais comme une opportunité de servir Allah de manière encore plus significative. Il savait que sa mission était loin d'être terminée, mais il était prêt à continuer, fortifié par la reconnaissance de sa communauté, inspiré par la lumière de la Fayda, et guidé par les paroles éternelles du Coran.

Ainsi, Baye Niass continua son chemin de dévotion et de service, déterminé à être un exemple vivant de ce que signifiait vivre une vie de foi, d'amour, et de dévotion totale à Allah. Il savait que tant qu'il restait fidèle à cette mission, tant qu'il continuait à chercher la lumière d'Allah dans tout ce qu'il faisait, il trouverait toujours la paix, même dans les moments les plus sombres, et aiderait les autres à faire de même.

Chapitre 12 : Les Défis du Leadership Spirituel

À mesure que Baye Niass devenait un guide spirituel de plus en plus respecté dans sa communauté, il commença à ressentir le poids de nouvelles responsabilités. Ce n'était plus seulement une question de suivre son propre chemin spirituel; il devait maintenant guider les autres, les inspirer à trouver leur propre connexion avec Allah. Mais avec cette nouvelle position vinrent également des défis inattendus. Le leadership spirituel, aussi noble soit-il, apportait son lot de jalousies, d'incompréhensions, et de pressions croissantes.

Baye savait que ces épreuves faisaient partie intégrante de son parcours. "Le chemin de la foi n'est jamais sans obstacles," lui avait dit Cheikh Mohamed Barham. "Mais chaque épreuve est une opportunité de croissance, une chance de prouver ta résilience et ta dévotion à Allah."

Les Premiers Signes de Jalousie

Le premier défi de Baye se manifesta sous la forme de jalousie au sein de la communauté. Alors qu'il gagnait en influence et en respect, certains commencèrent à ressentir de l'envie. L'imam de la mosquée, Cheikh Ahmed, un homme d'une cinquantaine d'années, commença à montrer des signes d'irritation. Baye respectait profondément Cheikh Ahmed, mais il remarqua que celui-ci devenait de plus en plus distant.

Un après-midi, après la prière de Dhuhr, Cheikh Ahmed appela Baye dans son bureau. "Baye," dit-il, le regard sévère, "je remarque que tu prends beaucoup d'initiatives avec les jeunes. C'est bien de les guider, mais n'oublie pas que tu es encore jeune toi-même. L'expérience compte aussi."

Baye sentit une tension sous les paroles de l'imam, mais il répondit calmement. "Je comprends, Cheikh Ahmed. Je ne cherche pas à prendre ta place ou celle de quiconque. Je veux seulement aider là où je peux."

Cheikh Ahmed hocha la tête, mais son expression restait fermée. "Sois prudent, Baye. Trop d'attention peut aussi mener à l'arrogance."

Ces paroles restèrent gravées dans l'esprit de Baye. Il ne voulait pas que ses actions soient mal interprétées. Il se demandait s'il en faisait trop, s'il se trompait quelque part.

Les Incompréhensions et les Rumeurs

Avec le temps, des rumeurs commencèrent à circuler. Certaines personnes, peut-être par ignorance, commencèrent à murmurer que Baye avait des intentions cachées, qu'il cherchait à prendre le contrôle de la mosquée ou à imposer ses propres idées. Baye, naturellement humble, fut profondément affecté par ces murmures. Il ne cherchait que la paix et la vérité, pas le pouvoir.

Un soir, après la prière de Maghreb, Fatoumata, inquiète, s'approcha de lui. "Baye," dit-elle doucement, "j'ai entendu des gens parler... ils disent que tu cherches à prendre la place de l'imam. Que veux-tu vraiment, Baye ?"

Baye regarda Fatoumata avec douleur. "Fatoumata, tu me connais. Tu sais que je ne cherche pas le pouvoir ou la reconnaissance. Tout ce que je veux, c'est servir Allah et aider ceux qui cherchent la vérité. Je ne comprends pas pourquoi les gens disent ces choses."

Fatoumata hocha la tête, ses yeux remplis de compassion. "Je sais, Baye. Mais parfois, les gens sont aveuglés par leur propre peur ou leur propre jalousie. Ils ne voient pas toujours ce qui est juste devant eux."

Baye soupira profondément. "Je suppose que c'est aussi une épreuve, Fatoumata. Peut-être qu'Allah teste ma patience et ma résilience."

Un Débat avec Cheikh Ahmed

Les tensions atteignirent un point critique lors d'une réunion de la communauté pour discuter des projets d'avenir de la mosquée. Baye avait proposé un programme d'éducation pour les jeunes, mais Cheikh Ahmed exprima des réserves.

"Je pense que nous devons être prudents avec ces nouvelles initiatives," dit Cheikh Ahmed devant l'assemblée. "Nous ne voulons pas perdre notre direction spirituelle en cherchant trop à plaire aux jeunes."

Baye sentit le regard de la communauté sur lui. Il prit une profonde inspiration et répondit avec calme. "Cheikh Ahmed, je comprends tes préoccupations. Mais je crois aussi que notre rôle est d'aider les jeunes à trouver leur propre chemin vers Allah, de les guider à travers les défis de ce monde moderne."

Cheikh Ahmed le fixa intensément. "Et tu penses que tu es prêt pour cela, Baye ? Que tu as assez de sagesse et d'expérience pour diriger ces jeunes ?"

Baye resta silencieux un moment, puis répondit doucement. "Je ne suis qu'un serviteur, Cheikh Ahmed. Je n'ai pas toutes les réponses, mais je sais que je peux les aider à chercher. Et ensemble, nous trouverons la voie."

L'assemblée resta silencieuse pendant un moment, puis El Hadj Souleymane, assis au premier rang, prit la parole. "Je crois que Baye a raison. Nos jeunes ont besoin de guidance, et je vois en lui un cœur pur et une volonté de servir. Donnons-lui une chance."

Cheikh Ahmed, voyant l'assemblée se rallier autour de Baye, hocha lentement la tête. "Très bien. Continuons alors. Mais n'oubliez jamais, Baye, que le vrai leadership spirituel n'est pas seulement une question de paroles, mais d'exemple."
Le Poids des Responsabilités

Les paroles de Cheikh Ahmed pesaient lourdement sur Baye. Il comprenait que le leadership spirituel n'était pas simplement un rôle, mais une responsabilité sacrée. Il devait être exemplaire dans toutes ses actions, veillant à ce que chaque parole, chaque geste reflète sa dévotion à Allah.

Un jour, après une longue session de prière et de méditation, il se confia à Cheikh Mohamed Barham. "Cheikh," dit-il avec une certaine inquiétude, "je me sens tellement insuffisant face à toutes ces responsabilités. Comment puis-je être sûr de ne pas décevoir ceux qui me font confiance ?"

Le Cheikh sourit doucement. "Baye, personne n'est parfait, et Allah ne cherche pas la perfection. Il cherche la sincérité, l'effort. Souviens-toi de ce que le Prophète (s.a.w.) a dit : 'Les actions ne valent que par les intentions.' Tant que ton intention est pure, tant que tu cherches vraiment à servir Allah et ta communauté, tu es sur la bonne voie."

Baye acquiesça, ses doutes s'apaisant légèrement. "Je ferai de mon mieux, Cheikh. Je veux vraiment être un bon guide pour eux."

Les Moments de Doute et de Résilience

Mais malgré ses bonnes intentions, Baye se retrouva souvent confronté à des moments de doute. Des membres de la communauté, influencés par des rumeurs ou des malentendus, commencèrent à le questionner directement.

Un jour, un homme du quartier, Amadou, s'approcha de Baye après la prière de Dhuhr. "Baye," dit-il avec un ton sceptique, "tu es jeune, et pourtant tu prétends pouvoir guider les autres. Qui t'a donné cette autorité ?"

Baye, sentant la tension dans les paroles d'Amadou, répondit calmement. "Amadou, je ne prétends pas avoir toutes les réponses, ni être au-dessus de quiconque. Je ne suis qu'un humble serviteur d'Allah, cherchant à aider ceux qui veulent se rapprocher de Lui."

Amadou haussa les épaules. "Peut-être. Mais sois prudent, Baye. Le pouvoir peut corrompre, même les cœurs les plus purs."

Ces mots résonnèrent en Baye. Il se demanda si ses efforts étaient vraiment perçus comme un acte de dévotion ou comme une quête de pouvoir. Il se rappela des paroles du Coran : "Nous vous éprouverons certes par un peu de peur, de faim, et de diminution de biens, de personnes et de fruits. Et annonce la bonne nouvelle aux endurants" (2:155). Il comprit que ces moments de doute étaient aussi des tests de sa foi et de sa résilience.

Les Récompenses de la Foi et de la Patience

Au fil des mois, Baye commença à voir les fruits de ses efforts. Malgré les jalousies et les incompréhensions, il voyait les jeunes de sa communauté grandir spirituellement, devenir plus engagés, plus solidaires. Ils devenaient de vrais soutiens pour leurs familles, des piliers de paix et de bonté dans leur communauté.

Un soir, après une séance de Zikr particulièrement intense, Fatoumata se rapprocha de Baye. "Baye," dit-elle, "je voulais juste te dire que je suis fière de toi. Tu as fait face à tant d'épreuves, et pourtant, tu restes fort. Tu es une inspiration pour nous tous."

Baye, ému, répondit doucement : "Merci, Fatoumata. Mais je ne fais que mon devoir. Je veux seulement servir Allah et aider ceux qui cherchent la lumière."

Fatoumata sourit. "Et c'est pour cela que tu es un vrai leader, Baye."

La Leçon de la Patience et de l'Amour

Baye comprit que le vrai leadership spirituel ne consistait pas seulement à enseigner ou à guider, mais à aimer profondément ceux que l'on servait. Il se rappela des paroles du Prophète (s.a.w.) : "Le meilleur des hommes est celui qui est le plus utile aux autres." Il réalisa que chaque épreuve, chaque critique, chaque moment de doute était une opportunité d'aimer plus profondément, de servir plus humblement.

Il décida de répondre aux critiques non pas par la défense, mais par des actes de bonté. Il alla voir Cheikh Ahmed un matin et dit : "Cheikh Ahmed, je suis désolé si mes actions ont causé des incompréhensions. Je vous respecte profondément et je veux apprendre de vous."

Cheikh Ahmed, touché par l'humilité de Baye, répondit avec un sourire. "Baye, je vois maintenant que tu es vraiment sincère. Peut-être que j'ai aussi des leçons à apprendre de toi."

Un Futur Rempli de Défis et d'Opportunités

Baye savait que les défis du leadership spirituel ne cesseraient jamais complètement. Mais il était prêt à les affronter avec foi, amour, et détermination. Il savait que tant qu'il restait fidèle à Allah et sincère dans ses intentions, il trouverait toujours la force de surmonter chaque épreuve.

Ainsi, Baye Niass continua de guider sa communauté avec sagesse et humilité, déterminé à être un exemple vivant de ce que signifiait vivre une vie de foi et de service. Il savait que tant qu'il restait connecté à Allah, tant qu'il continuait de chercher la lumière divine, il trouverait toujours la paix, même dans les moments les plus difficiles, et aiderait les autres à faire de même.

Chapître 13 : Les Leçons du Soufisme

Les jours s'écoulaient dans une paix relative mais Baye Niass savait que la tranquillité extérieure ne reflétait pas toujours la tempête intérieure que chacun portait en soi. Depuis qu'il avait embrassé la voie du soufisme, il avait appris à naviguer dans ces eaux troubles de l'esprit et du cœur, et il sentait maintenant qu'il était temps de partager plus profondément les enseignements soufis avec les jeunes de la ville. Il savait que ces leçons de sagesse ancienne pouvaient leur offrir des outils précieux pour surmonter les nombreux défis de la vie moderne.

L'Importance de la Connaissance de Soi

Un après-midi, après la prière de Dhuhr, Baye rassembla un groupe de jeunes sous le manguier près de la mosquée. Parmi eux se trouvaient Fatoumata, Oumar, Moussa, et d'autres jeunes qui avaient montré un intérêt croissant pour la spiritualité soufie.

"Bismillah," commença Baye, "aujourd'hui, je veux parler d'un concept fondamental dans le soufisme : la connaissance de soi. Beaucoup pensent que le soufisme consiste simplement à réciter des prières ou à méditer, mais c'est bien plus que cela. Il s'agit d'un voyage intérieur, d'une quête de soi-même. Comme l'a dit le Prophète (s.a.w.), 'Celui qui se connaît lui-même connaît son Seigneur.'"

Oumar leva la main, intrigué. "Baye, qu'est-ce que cela signifie exactement ? Connaître soi-même, c'est quelque chose de difficile. Comment pouvons-nous vraiment nous connaître ?"

Baye sourit, appréciant la curiosité de son ami. "C'est une bonne question, Oumar. La connaissance de soi commence par l'introspection, par le fait de regarder en nous-mêmes avec honnêteté. Nous devons être conscients de nos forces, mais aussi de nos faiblesses, de nos désirs et de nos peurs. Le soufisme enseigne que pour trouver la paix intérieure, nous devons d'abord comprendre ce qui trouble notre esprit."

Fatoumata, toujours avide d'apprendre, ajouta : "Mais comment cela peut-il nous aider dans notre vie quotidienne, Baye ?"

Baye réfléchit un moment avant de répondre. "Lorsque nous comprenons nos propres désirs et peurs, nous sommes moins susceptibles de les laisser nous contrôler. Nous pouvons apprendre à agir de manière plus consciente, à faire des choix qui nous rapprochent d'Allah plutôt que de nos désirs terrestres. Le Coran dit : 'En vérité, ceux qui craignent leur Seigneur même s'ils ne Le voient pas, auront un pardon et une grande récompense' (67:12). La conscience de soi nous aide à vivre en accord avec cette crainte respectueuse d'Allah."

La Pratique de la Méditation et du Zikr
Baye continua d'expliquer comment la méditation et le Zikr (l'invocation d'Allah) étaient des pratiques essentielles dans le soufisme, non seulement pour atteindre une connaissance plus profonde de soi, mais aussi pour se connecter avec le divin. "Le Zikr est plus qu'une simple répétition de mots," expliqua-t-il. "C'est un moyen de purifier le cœur, d'éliminer les distractions et les préoccupations du monde, et de se concentrer uniquement sur Allah."
Moussa, qui avait récemment commencé à participer aux séances de Zikr, prit la parole. "Baye, j'ai remarqué que pendant le Zikr, je ressens parfois une paix que je n'avais jamais ressentie auparavant. C'est comme si tous mes soucis disparaissaient."
Baye hocha la tête, souriant. "C'est exactement cela, Moussa. Le Prophète (s.a.w.) a dit : 'Il y a un morceau de chair dans le corps qui, s'il est purifié, tout le corps est purifié, et s'il est corrompu, tout le corps est corrompu. Ce morceau de chair est le cœur.' Le Zikr aide à purifier ce cœur, à le libérer de la corruption de ce monde, pour qu'il puisse ressentir la pureté de la connexion avec Allah."
Fatoumata, qui écoutait attentivement, demanda : "Et comment pouvons-nous intégrer cela dans nos vies modernes, Baye ? Parfois, nous sommes tellement occupés avec le travail, l'école, les responsabilités familiales..."
Baye répondit avec patience. "C'est une bonne question, Fatoumata. Dans notre monde moderne, nous sommes constamment distraits. Mais le soufisme enseigne que chaque moment peut être un moment de Zikr. Lorsque tu travailles, pense à Allah. Lorsque tu étudies, fais-le pour Allah. Chaque acte, aussi petit soit-il, peut être transformé en un acte d'adoration. Le Coran dit : 'En vérité, par l'évocation d'Allah, les cœurs se tranquillisent' (13:28). Fais de chaque moment une invocation, et tu trouveras la paix même dans les tâches les plus banales."

L'Humilité et le Service

Un autre aspect crucial des enseignements soufis que Baye partagea avec les jeunes était l'importance de l'humilité et du service. "Le soufisme nous enseigne que nous ne sommes rien sans Allah," expliqua-t-il. "Nous devons toujours nous rappeler que tout ce que nous avons et tout ce que nous sommes vient de Lui. Cette prise de conscience devrait nous conduire à vivre avec humilité, à ne jamais se sentir supérieur à quiconque."

Oumar, qui avait toujours été impressionné par l'humilité de Baye, demanda :
"Mais Baye, comment pouvons-nous vraiment vivre avec humilité dans un
monde qui valorise tant la réussite personnelle et la reconnaissance ?"
Baye réfléchit un moment avant de répondre. "L'humilité ne signifie pas que nous
devons abandonner nos ambitions ou ne pas essayer de réussir. Au contraire,
nous devrions travailler dur, mais toujours avec la conscience que notre succès
n'est qu'un cadeau d'Allah, et non le résultat de nos seuls efforts. Le Prophète
(s.a.w.) a dit : 'Allah élève celui qui s'humilie pour Sa cause.' En servant les autres,
en aidant ceux qui sont dans le besoin, nous montrons notre gratitude à Allah et
nous nous rappelons que nous sommes tous Ses serviteurs."
Moussa, touché par ces paroles, ajouta : "Alors, même lorsque nous travaillons
dur pour nos rêves, nous devrions toujours le faire avec un esprit de service,
n'est-ce pas ?"
"Exactement, Moussa," répondit Baye avec un sourire. "Nous travaillons non
seulement pour nous-mêmes, mais aussi pour notre communauté, pour
l'amélioration de la vie des autres. Chaque acte de service est un acte de
dévotion à Allah. Le Coran dit : 'Et agis avec bonté, comme Allah a agi avec bonté
envers toi. Et ne recherche pas la corruption sur terre. Allah n'aime point les
corrupteurs' (28:77)."

L'Amour Inconditionnel pour Allah

L'amour pour Allah est au cœur du soufisme, expliqua Baye. "L'amour d'Allah est
le plus pur des amours. C'est un amour qui ne cherche rien en retour, un amour
qui est au-delà de tout attachement matériel. Les soufis cherchent à développer
cet amour inconditionnel pour Allah, à Le placer au-dessus de tout autre."
Fatoumata, émue par cette idée, demanda : "Baye, comment pouvons-nous
atteindre cet amour inconditionnel ?"

Baye réfléchit un moment avant de répondre. "Cela commence par l'intention,
Fatoumata. Nous devons vouloir aimer Allah de tout notre cœur. Ensuite, nous
devons Le connaître. Le Coran dit : 'Et ceux qui croient sont les plus ardents en
amour pour Allah' (2:165). En apprenant à connaître Allah à travers Ses noms,
Ses attributs, et Ses actes, notre amour pour Lui grandit. Enfin, par des actes de
dévotion sincère—prière, jeûne, charité—nous montrons notre amour pour Lui."

Oumar ajouta : "Et cet amour doit également se refléter dans la manière dont
nous traitons les autres, n'est-ce pas ?"

Baye sourit. "Exactement, Oumar. L'amour pour Allah se manifeste par l'amour pour Ses créations. Nous devons traiter les autres avec respect, compassion, et miséricorde, car ils sont aussi les serviteurs d'Allah. Le Prophète (s.a.w.) a dit : 'Aime pour ton frère ce que tu aimes pour toi-même.' En pratiquant cet amour, nous nous rapprochons encore plus d'Allah."

Surmonter les Obstacles de la Vie Moderne avec le Soufisme

Les jeunes écoutaient attentivement alors que Baye expliquait comment les enseignements soufis pouvaient les aider à surmonter les défis uniques de la vie moderne. "Dans notre monde d'aujourd'hui," dit-il, "nous sommes souvent confrontés à des distractions, des désirs matériels, et des pressions sociales. Le soufisme nous offre des outils pour naviguer dans ces eaux troubles."
Fatoumata hocha la tête. "C'est vrai, Baye. Parfois, il semble que tout ce qui nous entoure est conçu pour nous éloigner d'Allah."
Baye répondit avec douceur. "C'est pourquoi le soufisme nous enseigne l'importance de la vigilance constante, de se rappeler toujours de notre but ultime, qui est de plaire à Allah. Le Coran dit : 'Ô vous qui croyez ! Soyez endurants. Incitez-vous à l'endurance. Luttez avec force et craignez Allah, afin que vous réussissiez' (3:200)."

Moussa demanda : "Et comment pouvons-nous rester vigilants, Baye ?"
"Par des pratiques spirituelles régulières," répondit Baye. "La prière, le Zikr, la méditation. Mais aussi en choisissant nos compagnons avec soin. Comme le dit le Prophète (s.a.w.), 'L'homme suit la religion de son ami intime, alors que chacun de vous prenne garde à celui qu'il fréquente.' Entourez-vous de personnes qui vous rappellent Allah, qui vous soutiennent dans votre quête spirituelle."

Les Histoires Inspirantes des Maîtres Soufis

Pour illustrer ses enseignements, Baye partagea des histoires de grands maîtres soufis qui avaient surmonté d'immenses défis grâce à leur foi et leur dévotion. Il raconta l'histoire de Rabia al-Adawiyya, une femme soufie du VIIIe siècle qui avait vécu une vie de pauvreté volontaire, consacrant chaque instant à l'amour d'Allah.

"Rabia," expliqua Baye, "était connue pour sa dévotion intense. Un jour, on lui demanda pourquoi elle priait autant. Elle répondit : 'Je ne prie pas par peur de l'enfer, ni par désir du paradis, mais simplement par amour pour Allah.' Elle a montré que le véritable amour pour Allah est au-delà de tout désir de récompense ou de peur du châtiment. C'est un amour pur, un amour sans condition."

Fatoumata, inspirée par cette histoire, dit : "J'aimerais atteindre ce niveau d'amour, Baye. Comment pouvons-nous y parvenir ?"
Baye sourit. "En cherchant constamment la présence d'Allah dans tout ce que nous faisons. En vivant chaque moment comme un acte d'adoration, un acte d'amour. Le soufisme nous enseigne que chaque souffle que nous prenons, chaque pas que nous faisons, peut être une prière, une louange à Allah."
Un Chemin Continu

Baye savait que les leçons du soufisme étaient un voyage, pas une destination. Il dit aux jeunes : "Le soufisme est un chemin continu, une quête perpétuelle de vérité et de connexion avec Allah. Il ne s'agit pas d'atteindre un point final, mais de toujours chercher à aller plus profondément, à aimer plus intensément, à servir plus humblement."

Les jeunes, inspirés et motivés, se levèrent ensemble, prêts à continuer leur quête. Ils savaient que la route serait longue et semée d'embûches, mais ils étaient déterminés à avancer, soutenus par les enseignements de Baye et par leur propre désir de trouver la paix intérieure.

Et ainsi, sous la guidance de Baye Niass, une nouvelle génération de jeunes commença à adopter les leçons du soufisme, à les appliquer dans leur vie quotidienne, à chercher la paix intérieure et la connexion avec Allah, tout en naviguant les défis de la vie moderne. Ils savaient que tant qu'ils restaient fidèles à ce chemin, tant qu'ils cherchaient la lumière divine dans chaque moment, ils trouveraient toujours la force de surmonter tous les obstacles qui se dressaient devant eux.

Chapitre 14 : L'Appel du Prophète (s.a.w.)

Les nuits étaient calmes à Diourbel, mais pour Baye Niass, chaque soir apportait une nouvelle opportunité de réflexion et de prière. Il avait passé de nombreuses heures sous le manguier près de la mosquée, méditant sur sa mission et son chemin spirituel. Malgré les défis et les incompréhensions, il avait trouvé une paix intérieure inébranlable dans sa dévotion à Allah. Cependant, une question continuait de hanter son esprit : était-il vraiment sur la voie tracée pour lui par Allah ? Était-il à la hauteur de la responsabilité de guider les autres ?

Une Nuit de Questionnements Profonds

Une nuit, après une longue journée de prière et de méditation, Baye se coucha avec le cœur lourd. Il se demanda s'il était vraiment digne de ce rôle de guide spirituel. "Ô Allah," murmura-t-il dans une prière fervente, "montre-moi le chemin. Donne-moi un signe que je suis sur la bonne voie. Je veux seulement Te servir et guider mes frères et sœurs vers Toi."

Fatigué, il s'endormit sous le ciel étoilé, son esprit encore troublé par ses doutes. Mais cette nuit-là, il ne fit pas un sommeil ordinaire. Il entra dans un rêve d'une clarté et d'une intensité qu'il n'avait jamais connues auparavant.

Le Rêve Inspirant

Dans son rêve, Baye se trouva transporté dans un vaste désert, sous un ciel clair et infini. Le sable doré s'étendait à perte de vue, et le vent soufflait doucement, comme une caresse. Il ressentit une étrange paix, une sérénité profonde, malgré l'immensité du désert. Devant lui se trouvait une lumière éclatante, une lumière si pure et si intense qu'elle illuminait tout autour de lui.

Alors qu'il avançait vers cette lumière, il vit une silhouette se dessiner dans le halo lumineux. Une silhouette majestueuse, habillée d'une robe blanche immaculée, le visage rayonnant de paix et de compassion. Baye ressentit immédiatement une présence divine, un amour et une chaleur qu'il n'avait jamais ressentis auparavant.

"Assalamu Alaikum, Baye," dit la silhouette d'une voix douce mais puissante.

Baye reconnut cette voix, cette présence. C'était le Prophète Muhammad (s.a.w.), l'Envoyé d'Allah. Ému aux larmes, il tomba à genoux, submergé par l'humilité et la gratitude. "Wa Alaikum Assalam, ô Messager d'Allah," répondit-il avec révérence.

Le Prophète (s.a.w.) sourit doucement. "Ne crains pas, Baye. Je suis ici pour te donner un message, pour te guider sur ton chemin."

Le Message du Prophète (s.a.w.)

"Tu as beaucoup douté, Baye," poursuivit le Prophète (s.a.w.). "Tu t'es interrogé sur ta capacité à guider les autres, à être un exemple de foi. Mais sache que chaque étape que tu as franchie, chaque épreuve que tu as endurée, t'a rapproché d'Allah."
Baye écoutait avec attention, son cœur battant fort. "Mais comment puis-je être certain que je suis sur le bon chemin ? Comment puis-je être sûr que je fais la volonté d'Allah ?"
Le Prophète (s.a.w.) répondit avec une douceur infinie : "Le chemin de la foi n'est pas toujours clair, Baye. Mais tant que tu te consacres à Allah avec sincérité et amour, tu ne t'éloigneras jamais de Sa lumière. Le Coran dit : 'Et quiconque place sa confiance en Allah, Il lui suffit. Allah atteint ce qu'Il Se propose, et Allah a assigné une mesure à chaque chose' (65:3). Fais confiance à Allah, et Il te guidera."

La Vision du Prophète (s.a.w.) et la Direction Spirituelle

Dans son rêve, Baye sentit un calme profond l'envahir. La présence du Prophète (s.a.w.) lui apportait une clarté et une direction qu'il n'avait jamais connues. "Ô Messager d'Allah," dit-il, "que dois-je faire pour continuer sur ce chemin ? Comment puis-je être un meilleur guide pour les autres ?"
Le Prophète (s.a.w.) le regarda avec compassion. "Baye, continue de vivre avec humilité et amour. Enseigne la paix, la patience, et la dévotion. Montre à ta communauté que le véritable bonheur réside dans la proximité avec Allah, pas dans les plaisirs éphémères de ce monde."

Il continua : "Souviens-toi de ces paroles : 'En vérité, celui qui se purifie et se souvient du nom de son Seigneur et prie a réussi' (87:14-15). Enseigne ces principes aux jeunes, montre-leur que la prière et le Zikr ne sont pas seulement des rituels, mais des moyens de purifier le cœur et de se rapprocher d'Allah."

Baye, touché par ces paroles, se sentit renouvelé, renforcé dans sa foi. "Merci, ô Messager d'Allah. Je ferai de mon mieux pour suivre ton conseil et guider ma communauté avec sagesse."

Une Révélation Profonde : La Responsabilité du Leadership

Le Prophète (s.a.w.) posa alors une main réconfortante sur l'épaule de Baye. "Rappelle-toi toujours, Baye, que la véritable force vient de l'intérieur, de la confiance en Allah. Ne cherche pas l'approbation des hommes, mais cherche à plaire à ton Seigneur. Et quand tu fais face à des défis, sache qu'Allah est avec les endurants. 'Ô vous qui croyez ! Cherchez secours dans l'endurance et la prière. Car Allah est avec ceux qui sont endurants' (2:153)."

Baye sentit une vague de chaleur le traverser, comme si une lumière divine remplissait chaque partie de son être. "Je comprends, ô Messager d'Allah. Je ferai de mon mieux pour être un serviteur fidèle et un guide digne de ce nom."
Le Prophète (s.a.w.) sourit de nouveau. "Tu es déjà sur la bonne voie, Baye. Continue à servir avec amour et dévotion, et sache que chaque pas que tu fais vers Allah est une bénédiction."

Le Réveil et l'Énergie Renouvelée

Soudain, la lumière du rêve commença à s'estomper, et Baye sentit son esprit revenir à la réalité. Il se réveilla sous le manguier, les premiers rayons du soleil du matin filtrant à travers les branches. Son cœur battait toujours avec intensité, mais cette fois, c'était de l'excitation, de la joie. Il avait reçu un signe, un message clair. Son rêve était une bénédiction, une réponse directe à ses prières.

Il se leva, se sentant plus fort, plus déterminé que jamais. Il savait maintenant que son chemin était clair. Le Prophète (s.a.w.) lui avait donné la direction nécessaire pour continuer sa mission. Il se dirigea vers la mosquée avec un nouvel élan, prêt à partager cette expérience inspirante avec sa communauté.
Le Partage de la Vision
Après la prière de Fajr, Baye rassembla les jeunes qui avaient été sous sa tutelle, ainsi que Cheikh Mohamed Barham, Fatoumata, Oumar, et quelques anciens du village. "Mes frères et sœurs," commença-t-il, la voix remplie de ferveur, "j'ai reçu une vision la nuit dernière, une vision du Prophète Muhammad (s.a.w.). Il m'a donné un message, une direction pour nous tous."

Les murmures d'excitation parcoururent le groupe. Fatoumata, les yeux brillants d'intérêt, demanda : "Qu'a-t-il dit, Baye ? Quelles paroles a-t-il partagées avec toi ?"

Baye prit une profonde inspiration. "Il m'a dit de continuer à vivre avec humilité, amour, et dévotion. De montrer à notre communauté que le véritable bonheur se trouve dans la proximité avec Allah. Il a aussi insisté sur l'importance de la prière et du Zikr comme moyens de purifier le cœur et de se rapprocher de Lui." Cheikh Mohamed Barham, un sourire de satisfaction sur le visage, hocha la tête. "C'est une grande bénédiction, Baye. Recevoir une vision du Prophète (s.a.w.) est un honneur immense. Allah t'a choisi pour guider ces jeunes, et tu fais du bon travail."

La Réaction de la Communauté

Oumar, visiblement ému par les paroles de Baye, prit la parole. "Baye, je crois en toi. Nous croyons tous en toi. Ce rêve est un signe que nous devons continuer à suivre cette voie, à apprendre de toi et à nous rapprocher d'Allah."

Les autres jeunes acquiescèrent, exprimant leur soutien. Ils avaient tous ressenti le changement en eux depuis qu'ils avaient commencé à suivre les enseignements de Baye. Ils voyaient en lui non seulement un guide, mais aussi un modèle de ce que signifiait vivre une vie de foi et de dévotion.
Fatoumata, avec un sourire doux, ajouta : "Nous sommes avec toi, Baye. Enseigne-nous ce que tu as appris, montre-nous comment être plus proches d'Allah, comment trouver cette paix intérieure que tu as trouvée."

Le Renforcement des Pratiques Spirituelles

Encouragé par le soutien de sa communauté, Baye décida de renforcer les pratiques spirituelles qu'il avait mises en place. Il commença à organiser des séances de Zikr plus régulières, des cercles de méditation, et des discussions sur les enseignements du Prophète (s.a.w.) et les paroles du Coran.

Il rappela souvent à ses amis les paroles qu'il avait entendues dans son rêve : "Cherchez la paix dans la prière et l'endurance. Ne vous laissez pas distraire par les plaisirs de ce monde, mais concentrez-vous sur ce qui est éternel."
Un jour, alors qu'ils étaient tous rassemblés pour une séance de prière, Baye expliqua : "La paix que nous cherchons ne vient pas de l'extérieur. Elle vient de l'intérieur, de notre relation avec Allah. Le Prophète (s.a.w.) m'a rappelé que la paix intérieure est la plus grande des bénédictions, et elle est accessible à tous ceux qui cherchent Allah sincèrement."

Une Nouvelle Direction pour la Communauté

Sous la direction de Baye, la communauté de la ville commença à se transformer encore plus profondément. Les jeunes, inspirés par son rêve et ses enseignements, devinrent plus engagés, plus dévoués à leur foi. Ils commençaient chaque journée avec des prières collectives, se rappelant constamment de l'importance de la pureté de cœur et de l'amour d'Allah.
Cheikh Mohamed Barham, observant ces changements, se tourna vers Baye un jour et dit : "Tu as apporté une nouvelle énergie à notre communauté, Baye. Grâce à toi, nos jeunes sont sur un chemin de lumière."

Baye, toujours humble, répondit : "C'est Allah qui guide, Cheikh. Je ne suis qu'un serviteur, cherchant à faire Sa volonté."

Une Mission Renouvelée

Avec chaque jour qui passait, Baye sentit sa mission se clarifier davantage. Il savait que le chemin ne serait pas facile, qu'il y aurait encore des défis et des épreuves à venir. Mais avec la vision du Prophète (s.a.w.) comme guide et le soutien de sa communauté, il se sentait prêt à affronter tout ce qui viendrait.

Il savait que tant qu'il restait fidèle à sa foi, tant qu'il continuait à chercher la lumière d'Allah dans chaque moment, il trouverait toujours la force de guider sa communauté sur le chemin de la paix intérieure et de la dévotion totale. Et ainsi, Baye Niass continua son voyage spirituel, déterminé à être une lumière pour ceux qui le cherchaient, une source d'inspiration pour ceux qui avaient besoin de direction, et un guide fidèle sur le chemin de l'amour divin.

Chapitre 15 : La Reconnaissance au sein de la Tariqa Tijjaniya

Depuis qu'il avait reçu la vision inspirante du Prophète Muhammad (s.a.w.), Baye Niass avait senti une nouvelle énergie couler en lui. Son engagement envers la voie de la Tariqa Tijjaniya n'avait fait que se renforcer, et son désir de servir sa communauté avec humilité et amour était devenu une mission claire. Les enseignements soufis qu'il avait adoptés, ainsi que les pratiques spirituelles qu'il avait instaurées dans sa ville, avaient transformé non seulement sa vie, mais aussi celle de nombreux jeunes et familles de la communauté.

Cependant, Baye ne savait pas que ses efforts et son dévouement avaient attiré l'attention des plus grands leaders de la Tariqa Tijjaniya. À travers les rumeurs, les témoignages et les récits qui circulaient, les chefs de la Tariqa avaient entendu parler de ce jeune homme, de son engagement spirituel et de l'influence positive qu'il avait sur sa communauté.

L'Invitation des Grands Leaders

Un jour, après une prière du Asr, un messager arriva à la mosquée de la ville. Il portait une lettre scellée, qu'il remit à Baye avec un sourire respectueux. "Assalamu Alaikum, Baye Niass," dit-il. "Je viens de la part de Cheikh Mahdi, un des grands leaders de la Tariqa Tijjaniya. Il vous invite à assister à une rencontre spéciale à la Zawiya centrale de Dakar."
Baye prit la lettre avec une surprise mêlée de respect. "Wa Alaikum Assalam," répondit-il. "Je suis honoré de cette invitation. Merci, mon frère."
Le messager inclina la tête et partit, laissant Baye seul avec ses pensées. Il ouvrit la lettre et lut attentivement. Les mots étaient chaleureux et pleins de reconnaissance pour son travail et son dévouement. "Nous avons entendu parler de tes efforts à Diourbel, de la lumière que tu apportes à ta communauté," lisait-il. "Nous te convions à venir partager ton expérience et à recevoir notre bénédiction."
Baye sentit une vague d'émotion l'envahir. Être reconnu par les grands leaders de la Tariqa Tijjaniya était un honneur immense. Il se demanda s'il était vraiment prêt pour cette rencontre. "Ô Allah," murmura-t-il, "donne-moi la force et la sagesse de représenter fidèlement ta lumière."

Le Voyage vers Dakar

Le matin suivant, après avoir informé Cheikh Mohamed Barham et ses amis proches, Baye se prépara pour le voyage vers Dakar. Fatoumata, toujours à ses côtés, lui offrit un sac de provisions. "Baye," dit-elle avec un sourire doux, "je sais que tu es humble, mais c'est une grande opportunité pour toi de montrer aux autres la lumière que tu as trouvée. Que Dieu te guide."

Oumar, également présent, ajouta : "Nous prierons tous pour toi, Baye. Tu as déjà montré à tant de gens ici la beauté de la Tariqa Tijjaniya. Je suis sûr que tu feras de même à Dakar."
Baye, touché par leur soutien, hocha la tête. "Merci, mes amis. Vos prières me donnent la force. Insha'Allah, je ferai de mon mieux pour représenter notre communauté."
Le voyage vers Dakar fut une expérience méditative pour Baye. Il passait le temps à réciter des versets du Coran et à méditer sur les enseignements de la Tariqa Tijjaniya. Chaque colline, chaque rivière qu'il traversait lui rappelait les bénédictions d'Allah et la beauté de la création.

La Rencontre à la Zawiya

À son arrivée à la Zawiya de Dakar, Baye fut accueilli par une atmosphère de calme et de spiritualité. L'architecture majestueuse de la Zawiya, avec ses arches élégantes et ses jardins sereins, semblait respirer la paix et la dévotion. Il fut conduit dans une grande salle où de nombreux autres disciples de la Tariqa étaient rassemblés, discutant doucement parmi eux.
Cheikh Mahdi, un homme d'une soixantaine d'années avec une longue barbe blanche et un regard pénétrant, se tenait au centre. À sa vue, Baye s'inclina avec respect. "Assalamu Alaikum, Cheikh Mahdi," dit-il humblement.
"Wa Alaikum Assalam, Baye Niass," répondit le Cheikh avec un sourire chaleureux. "Bienvenue à Dakar. Nous avons beaucoup entendu parler de toi, de ta dévotion et de ton travail à Diourbel."
Baye se sentit humble devant ces paroles. "Je ne suis qu'un serviteur d'Allah, Cheikh. Tout ce que je fais, c'est pour Sa cause."

Cheikh Mahdi hocha la tête. "Et c'est précisément pour cela que nous voulions te rencontrer. La Tariqa Tijjaniya a besoin de jeunes comme toi, qui montrent l'exemple par leur vie et leur dévotion."

Un Cercle de Discours Spirituel

La rencontre se transforma en un cercle de discours spirituel, où Baye partagea son parcours, ses défis, et les leçons qu'il avait apprises en guidant sa communauté. Il parla de l'importance de la prière, du Zikr, et de la méditation, et comment ces pratiques pouvaient aider les jeunes à trouver la paix intérieure dans un monde rempli de distractions.

Cheikh Mahdi, écoutant attentivement, ajouta : "Le soufisme n'est pas seulement une pratique, Baye. C'est un mode de vie. C'est une quête constante de purification intérieure et d'amour pour Allah. Le Prophète (s.a.w.) a dit : 'Le croyant le plus parfait en termes de foi est celui qui a le meilleur caractère et qui est le plus gentil avec sa famille.' Tu montres ces qualités, et c'est pourquoi tu es ici."

Les autres leaders présents, y compris Cheikh Salih et Cheikh abdoul, exprimèrent également leur admiration pour Baye. "Tu as apporté un renouveau spirituel à Diourbel," dit Cheikh Salih. "Nous avons besoin de jeunes comme toi pour répandre la lumière de la Tariqa dans d'autres régions."

Le Serment d'Engagement

À la fin de la rencontre, Cheikh Mahdi se leva et prit la main de Baye. "Baye Niass," dit-il solennellement, "es-tu prêt à t'engager davantage dans la Tariqa Tijjaniya, à continuer de guider et d'inspirer non seulement ta communauté, mais aussi d'autres qui cherchent la vérité ?"

Baye, le cœur battant de gratitude et de détermination, répondit : "Oui, Cheikh. Je suis prêt. Insha'Allah, je continuerai à servir Allah et à guider ceux qui cherchent Sa lumière."

Cheikh Mahdi leva les mains en prière, et toute l'assemblée suivit. "Qu'Allah bénisse ce jeune homme," pria-t-il, "et qu'Il le guide toujours sur le chemin de la vérité et de la lumière. Qu'Il lui donne la force de surmonter tous les obstacles et la sagesse de guider les autres avec amour et humilité."

L'Acceptation dans la Tariqa

Avec ces paroles, Baye fut officiellement reconnu comme un guide respecté au sein de la Tariqa Tijjaniya. Les autres leaders et disciples présents exprimèrent leur soutien et leur admiration, partageant des paroles de bénédiction et de prière. Baye se sentit entouré d'un amour et d'une fraternité profonds, renforçant encore plus son engagement envers sa mission.

Après la cérémonie, Cheikh abdoul s'approcha de Baye. "Mon frère," dit-il, "tu as montré un grand courage et une grande sagesse. Si jamais tu as besoin de conseils ou de soutien, sache que nous sommes ici pour toi."

Baye, profondément ému, remercia Cheikh abdoul. "Je suis honoré, Cheikh. Merci pour votre soutien et votre confiance."

Un Retour avec une Mission Renouvelée

De retour dans sa ville, Baye fut accueilli avec une grande joie par sa communauté. Fatoumata, Oumar, et les autres jeunes, impatients d'entendre parler de son voyage, l'entourèrent avec enthousiasme. "Baye, raconte-nous tout," s'exclama Fatoumata, les yeux pétillants.
Baye leur sourit chaleureusement. "C'était une expérience incroyable. J'ai rencontré des leaders inspirants de la Tariqa Tijjaniya, et ils m'ont encouragé à continuer notre travail ici. Ils croient en nous, en notre capacité à apporter la lumière à notre communauté."
Oumar hocha la tête, un sourire fier sur son visage. "Nous avons toujours cru en toi, Baye. Et maintenant, tu es officiellement reconnu comme un guide de la Tariqa. C'est une bénédiction pour nous tous."

Un Engagement Profond pour l'Avenir

Avec cette reconnaissance, Baye se sentit encore plus déterminé à poursuivre son travail à Diourbel. Il savait que sa mission n'était pas seulement de guider les jeunes, mais de renforcer l'ensemble de la communauté dans leur foi et leur engagement envers Allah. Il commença à organiser des ateliers de formation spirituelle, des retraites de méditation, et des programmes de soutien pour les familles en difficulté.

Il rappela souvent à sa communauté l'importance de l'unité et de la solidarité. "Nous devons être une famille," disait-il, "unis dans notre amour pour Allah et notre dévotion à la Tariqa Tijjaniya. Le Prophète (s.a.w.) a dit : 'Les croyants, dans leur affection mutuelle, leur miséricorde et leur compassion, sont comme un seul corps.' Nous devons vivre ces paroles chaque jour."
Les jeunes, inspirés par l'exemple de Baye, devinrent de plus en plus actifs dans les activités de la mosquée et les projets communautaires. Ils voyaient en lui non seulement un guide spirituel, mais aussi un ami, un mentor, un modèle de ce que signifiait vivre une vie de dévotion.

Une Nouvelle Ère pour Diourbel

Avec chaque jour qui passait, Baye voyait les fruits de son travail et de sa dévotion. La communauté de Diourbel devenait plus forte, plus unie, plus dévouée à la cause d'Allah. Les jeunes qui avaient autrefois été égarés trouvaient maintenant une nouvelle direction, une nouvelle paix dans leur foi.

Un soir, après une séance de prière collective, Fatoumata s'approcha de Baye et dit : "Tu as vraiment apporté un changement ici, Baye. Nous sommes tous tellement reconnaissants."
Baye, toujours humble, répondit : "C'est Allah qui guide, Fatoumata. Je ne fais que suivre Sa lumière. Et tant que nous restons unis dans notre foi, nous continuerons de prospérer."
Et ainsi, Baye Niass continua de guider sa communauté avec amour et sagesse, renforcé par la reconnaissance des grands leaders de la Tariqa Tijjaniya, et inspiré par la vision du Prophète (s.a.w.). Il savait que tant qu'il restait fidèle à sa mission et à ses principes, il trouverait toujours la force de surmonter tous les défis et de mener sa communauté vers un avenir de paix, de lumière, et de dévotion totale à Allah.

Chapitre 16 : La Transmission du Savoir

Avec la reconnaissance des grands leaders de la Tariqa Tijjaniya et l'enthousiasme renouvelé de la communauté de Kaolack, Baye Niass sentait une nouvelle responsabilité peser sur ses épaules. Il comprenait que le chemin spirituel qu'il avait emprunté ne devait pas seulement le guider lui, mais aussi éclairer les autres. C'était un devoir de partager la sagesse et les enseignements qu'il avait reçus, pour aider les jeunes à trouver leur propre voie vers Allah.

L'Importance de la Transmission du Savoir

Un matin, après la prière de Fajr, Baye réunit ses amis proches—Fatoumata, Oumar, Moussa, et quelques autres jeunes qui avaient montré un intérêt croissant pour la spiritualité. Ils s'assirent sous le grand manguier qui leur servait souvent de lieu de rassemblement.

"Bismillah," commença Baye, son regard empreint de douceur et de sagesse, "aujourd'hui, je veux parler de l'importance de la transmission du savoir. Le Prophète Muhammad (s.a.w.) a dit : 'Celui qui prend un chemin à la recherche de la connaissance, Allah lui facilite le chemin du paradis.' Le savoir est une lumière, et il est de notre devoir de le partager."
Fatoumata, toujours curieuse, demanda : "Mais Baye, comment pouvons-nous transmettre ce savoir de manière à ce qu'il ait un réel impact sur les jeunes de notre communauté ?"

Baye sourit doucement. "Nous devons enseigner non seulement avec des mots, mais aussi avec des actions. Nous devons vivre les enseignements de l'Islam et du soufisme. Montrer par notre comportement comment la foi peut transformer nos vies. Le Coran dit : 'Ô vous qui avez cru ! Pourquoi dites-vous ce que vous ne faites pas ?' (61:2). Notre vie elle-même doit être une leçon."

Oumar, pensif, ajouta : "Je comprends, Baye. Nous devons être des exemples vivants. Mais par où commencer ?"
Baye prit une profonde inspiration. "Nous allons commencer par organiser des sessions d'enseignement et de méditation régulières. Nous enseignerons les bases de l'Islam, les principes de la Tariqa Tijjaniya, et aussi des pratiques de méditation et de Zikr pour aider chacun à se connecter avec Allah."

La Première Session d'Enseignement

Quelques jours plus tard, Baye organisa la première session d'enseignement dans la cour de la mosquée. Il avait invité non seulement les jeunes de la communauté, mais aussi leurs parents et les anciens, pour montrer que la quête de la connaissance était une responsabilité collective.

Il se tenait devant eux, humble mais déterminé, et commença par un verset du Coran : "Allah élèvera en degrés ceux d'entre vous qui auront cru et ceux qui auront reçu le savoir" (58:11). "Nous sommes ici pour apprendre ensemble," dit-il. "La connaissance est une lumière qui doit être partagée, pas gardée pour soi." Il commença par enseigner les bases de la prière, expliquant l'importance de chaque mouvement et chaque parole. Il montra comment la prière était plus qu'un simple rituel, mais un acte d'amour et de dévotion envers Allah. "La prière," expliqua-t-il, "est notre lien direct avec Allah. C'est un moment où nous pouvons Lui parler, Lui demander guidance, et Le remercier pour toutes Ses bénédictions."

Les jeunes, fascinés, écoutaient attentivement. Moussa leva la main et demanda : "Baye, comment pouvons-nous rendre nos prières plus significatives ? Parfois, il semble que nous les faisons simplement par habitude."
Baye hocha la tête, comprenant la difficulté. "Il est facile de tomber dans la routine," dit-il. "Mais nous devons nous rappeler que chaque prière est une opportunité de renouveler notre engagement envers Allah. Avant de prier, prenez un moment pour réfléchir à vos intentions, pour vous rappeler pourquoi vous priez. Pensez à la gratitude, à la repentance, à l'amour pour Allah."

L'Introduction à la Méditation et au Zikr

Après avoir enseigné sur la prière, Baye introduisit la pratique de la méditation et du Zikr. Il expliqua comment ces pratiques pouvaient aider à calmer l'esprit, à purifier le cœur, et à renforcer la connexion avec Allah. "Le Zikr," dit-il, "n'est pas seulement une répétition de mots, c'est une invocation de l'âme. C'est rappeler à notre cœur et à notre esprit la présence constante d'Allah dans notre vie."
Fatoumata, intriguée, demanda : "Baye, comment pouvons-nous intégrer le Zikr dans notre vie quotidienne ?"

Baye sourit. "Le Zikr peut être fait à tout moment, Fatoumata. Le matin, avant de commencer votre journée. Le soir, avant de dormir. Même lorsque vous marchez ou travaillez. Le Prophète (s.a.w.) a dit : 'Gardez votre langue humide avec le souvenir d'Allah.' Chaque moment peut être un moment de Zikr si nous le faisons avec intention."

Il invita alors tout le monde à participer à une courte session de Zikr, guidant doucement avec des invocations comme "SubhanAllah" (Gloire à Allah), "Alhamdulillah" (Louange à Allah), et "Allahu Akbar" (Allah est le Plus Grand). La répétition rythmée de ces mots créa une atmosphère de paix et de connexion divine.

Une Transformation Spirituelle Commence

Avec chaque session d'enseignement, Baye remarquait un changement chez les jeunes. Ils devenaient plus attentifs, plus réfléchis, et montraient un désir sincère d'approfondir leur foi. Un jour, après une session particulièrement émouvante sur l'importance du Tawakkul (la confiance en Allah), un jeune garçon Ibrahim, s'approcha de Baye.

"Assalamu Alaikum, Baye," dit-il timidement. "Je voulais te remercier. Avant, je me sentais souvent perdu, sans direction. Mais tes enseignements m'ont aidé à comprendre que je peux toujours compter sur Allah, que je ne suis jamais seul."

Baye, touché par les paroles d'Ibrahim, répondit doucement : "Wa Alaikum Assalam, Ibrahim. Souviens-toi que chaque difficulté que tu traverses est une opportunité de te rapprocher d'Allah. Le Coran dit : 'Et quiconque place sa confiance en Allah, Il lui suffit' (65:3). Continue de chercher Sa guidance, et tu trouveras toujours la lumière."

Les Défis de la Transmission du Savoir

Cependant, transmettre le savoir n'était pas sans défis. Certains jeunes, influencés par les distractions du monde moderne, trouvaient difficile de se concentrer sur les pratiques spirituelles. Un jour, après une session de méditation, Oumar exprima sa frustration.

"Baye," dit-il avec un soupir, "je veux vraiment me rapprocher d'Allah, mais parfois, il est difficile de rester concentré. Les pensées du monde, les désirs, les préoccupations... tout cela semble toujours m'attirer."

Baye hocha la tête, reconnaissant la difficulté de la lutte intérieure. "Oumar, ce que tu ressens est normal. Chacun de nous a des moments de faiblesse. Le soufisme enseigne que ces moments sont des opportunités de croissance.

Quand tu sens ton esprit s'égarer, ramène-le doucement à Allah. Utilise le Zikr comme un ancrage. Et rappelle-toi que même le Prophète (s.a.w.) a dit : 'Tout être humain est un pécheur, mais les meilleurs des pécheurs sont ceux qui se repentent souvent.'"

Oumar, réconforté par ces paroles, répondit : "Merci, Baye. Je vais continuer d'essayer."

Les Histoires Inspirantes de Maîtres Soufis

Pour motiver et inspirer les jeunes, Baye commença à partager des histoires de grands maîtres soufis qui avaient surmonté de nombreux obstacles grâce à leur foi et leur dévotion. Il raconta l'histoire de Hasan al-Basri, un érudit et mystique qui était connu pour sa piété et sa sagesse.
"Hasan al-Basri," expliqua Baye, "a vécu à une époque de grande corruption, mais il est resté ferme dans sa foi. Un jour, quelqu'un lui demanda comment il restait si calme au milieu des épreuves. Il répondit : 'J'ai appris à aimer Allah plus que tout autre chose. Quand vous aimez Allah, rien ne peut vous perturber.'"
Fatoumata, touchée par cette histoire, dit : "J'aimerais avoir cette force intérieure, Baye. Comment pouvons-nous apprendre à aimer Allah de cette manière ?"

Baye répondit avec douceur : "L'amour d'Allah vient avec la connaissance et la reconnaissance de Ses bénédictions. Prenez le temps chaque jour de réfléchir aux bénédictions dans votre vie, petites ou grandes. Remerciez Allah pour chacune d'elles. Le Coran dit : 'Si vous êtes reconnaissants, certes, Je vous accorderai davantage' (14:7). Plus nous nous concentrons sur l'amour d'Allah, plus notre cœur s'ouvre à Lui."

La Formation des Futurs Guides

Avec le temps, Baye réalisa que son rôle ne se limitait pas à enseigner. Il devait aussi former d'autres jeunes à devenir des guides, à partager cette sagesse avec encore plus de gens. Il sélectionna quelques jeunes qui montraient un engagement profond et les invita à des sessions d'apprentissage plus intensives. Un jour, lors d'une de ces sessions, il dit : "Vous êtes les futurs guides de cette communauté. Votre tâche est de continuer ce que nous avons commencé ici, de transmettre le savoir avec amour et humilité. Rappelez-vous toujours que la plus grande forme de leadership est le service."

Les jeunes, comprenant la gravité de cette mission, s'engagèrent à suivre cet appel. Ils savaient que ce ne serait pas facile, mais ils étaient prêts à apprendre, à grandir, et à guider les autres avec la même sagesse que Baye leur avait transmise.

Un Héritage Spirituel

Baye savait que son rôle en tant que guide n'était qu'une étape dans un voyage spirituel beaucoup plus grand. Il était conscient que chaque génération devait transmettre la lumière de la foi à la suivante, et il était déterminé à laisser un héritage de savoir, de sagesse, et de dévotion.
Un soir, après une longue journée d'enseignement, il se tint sous le manguier avec Fatoumata à ses côtés. "Tu sais, Fatoumata," dit-il doucement, "je me sens béni d'avoir cette opportunité de partager ce que j'ai appris. Mais je sais aussi que c'est un grand défi."
Fatoumata sourit. "Tu as déjà accompli tant de choses, Baye. Et je sais que tu continueras à inspirer encore plus de gens."
Baye hocha la tête. "Insha'Allah. Mais je ne pourrais pas le faire sans le soutien de ma communauté, de mes amis, de ceux qui croient en moi."

Et ainsi, Baye Niass continua de transmettre le savoir avec amour et dévotion, déterminé à guider sa communauté vers une vie de foi profonde et de paix intérieure. Il savait que tant qu'il restait fidèle à Allah, tant qu'il continuait à enseigner avec sincérité et humilité, il trouverait toujours la force de surmonter tous les défis et d'inspirer les autres à faire de même.

Chapitre 17 : L'Espoir pour la Jeunesse

Le soleil qui se préparait à se coucher tout doucement, jetant une lumière dorée sur les toits des maisons, tandis que Baye Niass se tenait devant un groupe de jeunes rassemblés sous le grand manguier près de la mosquée. C'était une scène devenue familière : les visages attentifs, les cœurs ouverts, et l'atmosphère imprégnée de la soif d'apprendre et de grandir spirituellement. Baye savait que cette rencontre était spéciale. C'était la fin d'un voyage pour lui, mais le début d'un autre pour beaucoup de ces jeunes.

Il prit une profonde inspiration et laissa ses yeux balayer le groupe. Chaque visage lui racontait une histoire, chaque regard portait une quête de sens et une recherche de vérité. "Mes frères et sœurs," commença-t-il avec une voix douce mais ferme, "aujourd'hui, je veux partager quelque chose de très important avec vous. C'est un message d'espoir pour chacun de vous, un rappel que peu importe les défis que vous affrontez, il y a toujours une lumière à la fin du tunnel."

Le Chemin de la Jeunesse

Fatoumata, toujours attentive, leva la main et prit la parole. "Baye, nous voyons autour de nous tant de jeunes se perdre dans les distractions du monde moderne. Comment pouvons-nous, en tant que jeunes, rester sur le chemin spirituel sans être tentés par les plaisirs éphémères de ce monde ?"

Baye hocha la tête, reconnaissant la pertinence de sa question. "C'est une question que beaucoup se posent, Fatoumata. Le Coran nous rappelle : 'La vie d'ici-bas n'est qu'un objet de jouissance trompeuse' (57:20). Les plaisirs de ce monde sont temporaires, mais l'amour d'Allah et la paix que l'on trouve dans Sa proximité sont éternels."

Il marqua une pause, laissant ces mots résonner. "La jeunesse est une période de découverte, d'apprentissage, mais aussi de tentations et de distractions. Il est naturel de se sentir attiré par les plaisirs du monde, mais nous devons nous rappeler que notre objectif final est de plaire à Allah, de trouver notre vraie paix dans Sa lumière."

Oumar, assis près de Fatoumata, prit la parole. "Baye, parfois il est difficile de résister aux influences de nos pairs, aux attentes de la société. Comment pouvons-nous trouver la force intérieure pour rester fermes dans notre foi ?"

La Force de la Communauté

Baye sourit, reconnaissant la lutte que Oumar décrivait. "C'est pourquoi la communauté est si importante, Oumar. Nous ne sommes pas seuls dans notre quête spirituelle. Le Prophète (s.a.w.) a dit : 'La main d'Allah est avec le groupe.' En nous entourant de personnes qui partagent nos valeurs et notre foi, nous trouvons la force de rester fermes, de surmonter les tentations."
Il continua, "Pensez à notre groupe ici, à tout ce que nous avons accompli ensemble. Quand l'un de nous faiblit, les autres sont là pour le soutenir, pour le rappeler à Allah. C'est cette solidarité, cette fraternité qui nous permet de continuer sur le chemin de la vérité."
Moussa, qui avait souvent lutté contre les influences extérieures, ajouta : "Je sais que lorsque je suis avec vous tous, je me sens plus fort, plus capable de résister aux tentations. Mais que se passe-t-il lorsque je suis seul, confronté à mes propres faiblesses ?"
Baye hocha la tête avec compréhension. "Il est vrai que nous sommes tous confrontés à des moments de solitude, où nos faiblesses semblent nous submerger. Dans ces moments-là, souvenez-vous que vous n'êtes jamais vraiment seuls. Allah est toujours avec vous. Il dit dans le Coran : 'Et lorsque Mes serviteurs t'interrogent sur Moi, alors Je suis tout proche : Je réponds à l'appel de celui qui Me prie quand il Me prie' (2:186)."

L'Importance de l'Introspection et de la Prière

Fatoumata intervint à nouveau. "Baye, comment pouvons-nous mieux nous connaître, mieux comprendre nos propres faiblesses pour pouvoir les surmonter ?"

"Bonne question, Fatoumata," répondit Baye. "Le soufisme enseigne l'importance de l'introspection, de regarder en soi-même avec honnêteté. La prière et la méditation ne sont pas seulement des rituels ; ce sont des moments pour se connecter à notre moi intérieur, pour reconnaître nos faiblesses et demander à Allah de nous guider. L'autocritique honnête est une voie vers la purification de l'âme. Comme le Prophète (s.a.w.) l'a dit, 'Celui qui se connaît lui-même connaît son Seigneur.'"
Il ajouta, "Nous devons régulièrement nous poser des questions : 'Pourquoi ai-je fait cela ? Quelle était mon intention ? Est-ce que cela me rapproche d'Allah ou m'en éloigne-t-il ?' En cherchant à répondre honnêtement à ces questions, nous pouvons mieux comprendre nos motivations et nos faiblesses."

Oumar, réfléchissant à ces paroles, demanda : "Et si nous trouvons des choses en nous que nous n'aimons pas, que faisons-nous ?"
Baye sourit doucement. "Nous demandons le pardon d'Allah et cherchons à nous améliorer. Le Coran dit : 'Allah aime ceux qui se repentent et ceux qui se purifient' (2:222). Nous ne sommes pas parfaits, mais chaque fois que nous reconnaissons nos erreurs et cherchons à nous améliorer, nous faisons un pas de plus vers Lui."

Les Histoires Inspirantes de Jeunes Transformés

Pour inspirer davantage les jeunes, Baye partagea des histoires de jeunes de l'histoire islamique qui avaient surmonté des défis similaires. Il parla de la jeunesse de Ali ibn Abi Talib, qui, malgré sa jeunesse, était connu pour sa sagesse, sa dévotion, et son courage. "Ali," expliqua Baye, "a grandi dans la maison du Prophète (s.a.w.) et a appris directement de lui. Même en tant que jeune homme, il montrait une foi inébranlable et un désir constant de servir Allah."
Il raconta aussi l'histoire de Musab ibn Umair, un jeune homme de La Mecque qui avait tout sacrifié—richesse, statut social, et famille—pour suivre l'appel de l'Islam. "Musab," dit Baye, "était connu pour sa beauté et son statut social, mais il a tout laissé derrière lui quand il a trouvé la vérité. Il est devenu l'un des premiers ambassadeurs de l'Islam à Médine, montrant que la jeunesse peut être un temps de transformation radicale et de dévouement à une cause plus grande."
Fatoumata, inspirée par ces histoires, dit : "Cela montre vraiment que nous pouvons tous faire une différence, peu importe notre âge ou notre situation. C'est vraiment inspirant."

Créer un Héritage Spirituel

Baye savait que pour que ces jeunes trouvent leur chemin spirituel, ils devaient non seulement apprendre des histoires du passé, mais aussi créer leur propre héritage. "Vous tous," dit-il, "avez la capacité de laisser un impact durable. L'Islam nous enseigne que chaque bonne action, chaque mot de sagesse, chaque moment de service est un acte de foi. Vous pouvez être ceux qui inspirent les générations futures, tout comme vous êtes inspirés aujourd'hui."
Moussa, les yeux brillants, demanda : "Comment pouvons-nous commencer à créer cet héritage, Baye ?"
"Commencez par les petites actions," répondit Baye. "Soyez des exemples de bonté, de patience, et de dévotion. Aidez ceux qui sont dans le besoin, partagez votre connaissance et votre amour pour Allah. Le Prophète (s.a.w.) a dit : 'Même

un sourire est un acte de charité.' Ne sous-estimez jamais le pouvoir des petites actions. Elles peuvent avoir un impact énorme."

Un Appel à l'Action

Sentant que ses paroles avaient atteint le cœur de ses auditeurs, Baye décida de lancer un appel à l'action. "Jeunes du Sénégal," dit-il avec passion, "vous êtes l'avenir de notre pays. Vous avez le pouvoir de changer les choses, de créer un environnement où la foi et la spiritualité sont au centre de la vie. Le monde moderne est plein de distractions, mais ne laissez pas ces distractions vous éloigner de la vérité. Suivez le chemin d'Allah, et vous trouverez la paix intérieure que vous cherchez."

Oumar, sentant l'urgence dans les paroles de Baye, se leva. "Baye, nous te suivrons. Nous voulons être cette lumière dans notre communauté, cet exemple de foi et de dévotion."

Fatoumata et les autres jeunes suivirent son exemple, exprimant leur engagement à suivre les enseignements de Baye et à travailler ensemble pour renforcer leur foi et leur communauté.

Un Nouveau Départ pour la Jeunesse de sa ville

Avec ce nouveau sentiment d'unité et de détermination, Baye vit une transformation se produire parmi les jeunes. Ils commencèrent à organiser des cercles de prière, des sessions de Zikr, et des projets de service communautaire. Ils créèrent des groupes de soutien pour aider ceux qui luttaient contre des tentations ou des difficultés personnelles, offrant un espace de compassion et de guidance.

Baye, voyant ces changements, se sentit rempli de gratitude. "Alhamdulillah," murmura-t-il, "Allah, Tu as vraiment béni cette communauté."

Un jour, après une séance de prière, Fatoumata s'approcha de Baye et lui dit : "Merci, Baye, pour tout ce que tu as fait. Tu as montré à tant d'entre nous un chemin que nous ne savions pas possible."

Baye, humble, répondit : "C'est Allah qui guide, Fatoumata. Je ne suis qu'un serviteur sur Son chemin."

L'Épilogue : L'Espoir Éternel

Alors que le soleil se couchait sur Diourbel, Baye se tenait sous le manguier, regardant les jeunes continuer leurs activités, leurs visages rayonnants de bonheur et de détermination. Il savait que le voyage n'était pas terminé, que chaque jour apporterait de nouveaux défis, mais il était confiant que, avec la foi et la guidance d'Allah, ils trouveraient toujours le chemin.

"Mes frères et sœurs," conclut-il, "le monde moderne est plein de défis, mais avec la foi en Allah, l'amour les uns pour les autres, et la dévotion à la vérité, nous pouvons surmonter n'importe quoi. N'oubliez jamais que vous êtes la lumière de ce monde. Continuez à briller, continuez à chercher la vérité, et continuez à vivre avec espoir."

Et ainsi, Baye Niass termina son message à la jeunesse, leur laissant un héritage de foi, d'amour, et de dévotion. Un héritage qui continuerait de guider les jeunes et au-delà, montrant que, même dans un monde en constante évolution, il y a toujours un espoir pour ceux qui cherchent la lumière divine.

Conclusion générale

Un Nouveau Commencement

La fin de cette histoire n'est pas vraiment une fin, mais plutôt un nouveau commencement. À travers le parcours de Baye Niass, nous avons exploré non seulement le chemin d'un jeune homme converti à l'islam et animer par la recherche de Dieu, mais aussi le voyage universel de chaque âme en quête de sens et de vérité. Ce livre n'est pas seulement une autobiographie romancée ; c'est une réflexion profonde sur la jeunesse, la spiritualité, et la recherche incessante de la lumière dans un monde souvent assombri par les distractions et les doutes.

Baye Niass nous enseigne que, même au milieu des tempêtes de la vie moderne, il est possible de trouver une ancre dans la foi. Son engagement envers la Tariqa Tijjaniya et son dévouement à Allah ont été plus qu'un simple acte de piété. Ils ont été des choix délibérés de se détourner des illusions de ce monde pour embrasser une réalité plus profonde et plus permanente. À travers chaque chapitre, nous avons vu comment Baye a affronté ses propres démons intérieurs, comment il a surmonté la tentation de la facilité, et comment il a inspiré une génération entière à suivre son exemple.

Pour beaucoup d'entre nous, la vie moderne semble pleine de contradictions : nous avons plus de liberté que jamais, mais nous nous sentons souvent plus perdus. Nous avons accès à plus de connaissances que jamais, mais nous manquons souvent de sagesse. Nous sommes plus connectés numériquement, mais plus isolés spirituellement. Baye Niass, à travers son parcours, nous rappelle que la véritable liberté réside dans la soumission à la volonté divine, que la véritable connaissance vient de la compréhension de notre relation avec Allah, et que la véritable connexion se trouve dans la communauté de croyants unis par un objectif commun.

Le voyage de Baye ne s'arrête pas ici. En réalité, il ne fait que commencer. En devenant un guide au sein de la Tariqa Tijjaniya, en transmettant ses connaissances aux jeunes, et en inspirant une communauté entière, Baye a planté des graines qui continueront de croître longtemps après la fin de ce livre. Ces graines sont les idées, les enseignements, et surtout, l'exemple d'une vie vécue avec intégrité, humilité, et dévotion.

Il est essentiel de se rappeler que chaque génération doit trouver sa propre voie vers la lumière. Baye nous montre que cela est possible, même dans les moments de doute et de confusion. Son histoire est un témoignage vivant de la puissance de la foi et de l'importance de ne jamais abandonner notre quête spirituelle, même face aux défis les plus difficiles. Le Coran nous enseigne : "Ne vous laissez pas aller au désespoir de la miséricorde d'Allah ; assurément, personne ne se laisse aller au désespoir de la miséricorde d'Allah, excepté les gens mécréants" (12:87). Cette promesse divine est un rappel constant que, tant que nous cherchons Allah avec un cœur sincère, nous ne serons jamais laissés seuls dans notre quête.

Dans ce livre, nous avons également vu l'importance de la communauté dans la recherche de la vérité. Baye n'aurait pas pu accomplir ce qu'il a fait sans le soutien de ses amis, de ses mentors, et de ceux qui croyaient en lui. Ensemble, ils ont construit un espace où la foi pouvait s'épanouir, où les jeunes pouvaient apprendre et grandir. C'est un rappel puissant que nous ne sommes pas seuls dans notre voyage spirituel. Nous avons besoin les uns des autres pour rester forts, pour continuer à avancer, même lorsque le chemin devient difficile.

En fin de compte, l'histoire de Baye Niass est un appel à l'action pour chacun d'entre nous. Que vous soyez jeune ou vieux, que vous soyez au début de votre voyage spirituel ou que vous ayez déjà parcouru un long chemin, il y a toujours plus à apprendre, toujours plus à découvrir. L'Islam est une religion de connaissance, de croissance, et de transformation constante. Chaque jour est une nouvelle opportunité de se rapprocher d'Allah, de se purifier, et de vivre une vie de service et de dévotion.

Pour la jeunesse, ce livre est un guide, un rappel que peu importe les défis que vous rencontrez, il y a toujours de l'espoir. Vous avez le pouvoir de changer votre destin, de faire des choix qui honorent Allah, et de vivre une vie remplie de sens et de lumière. N'oubliez jamais que vous êtes la future génération de guides, de leaders, et de porteurs de la foi. Votre rôle est crucial dans le maintien de l'esprit de l'Islam vivant et vibrant dans un monde qui en a désespérément besoin.

En fermant ce livre, je vous invite à réfléchir sur votre propre parcours, à vous poser les questions difficiles, et à trouver votre propre voie vers la vérité. Que l'histoire de Baye Niass vous inspire à chercher, à grandir, et à ne jamais abandonner votre quête de la lumière divine. Car, comme nous l'avons appris ici, la recherche de Dieu est le voyage le plus important que nous puissions entreprendre.

Avec foi et espérance,
Faye Cheikh Mohamed
Auteur et Chercheur de Vérité

Cheikh mohamed
Baye Niass - Jeunesse et Espoir

Baye Niass - Jeunesse et Espoir retrace l'exceptionnel voyage spirituel de Baye Niass, un jeune Sénégalais en quête de sens et de direction dans un monde moderne en crise. À travers sa rencontre avec Cheikh Mohamed Barham, maître soufi de la Tariqa Tijjaniya, Baye découvre une voie de paix intérieure et de dévotion qui transforme sa vie et celle de ceux qui l'entourent.

Faye Cheikh Mohamed, à travers ce roman inspirant et profondément spirituel, offre aux lecteurs un récit de transformation, d'espoir, et de résilience, en montrant comment les enseignements soufis peuvent guider la jeunesse vers un avenir plus lumineux.

Ce livre est une source d'inspiration pour tous ceux qui cherchent à trouver leur chemin spirituel et à surmonter les défis de la vie moderne grâce à la foi et à la sagesse.

Table des matières

I want morebooks!

Buy your books fast and straightforward online - at one of world's fastest growing online book stores! Environmentally sound due to Print-on-Demand technologies.

Buy your books online at
www.morebooks.shop

Achetez vos livres en ligne, vite et bien, sur l'une des librairies en ligne les plus performantes au monde!
En protégeant nos ressources et notre environnement grâce à l'impression à la demande.

La librairie en ligne pour acheter plus vite
www.morebooks.shop